UNIVERSITÉ DE PARIS. — FACULTÉ DE DROIT

DES DROITS DE SUCCESSION

DU CONJOINT SURVIVANT

DANS LE DROIT FRANÇAIS

et dans les Principales Législations étrangères.

THÈSE POUR LE DOCTORAT

PAR

Hippolyte DREYFUS

AVOCAT A LA COUR D'APPEL

PARIS

LIBRAIRIE NOUVELLE DE DROIT ET DE JURISPRUDENCE

ARTHUR ROUSSEAU, ÉDITEUR

14, RUE SOUFFLOT ET RUE TOULLIER, 13

—

1898

THÈSE

POUR LE DOCTORAT

UNIVERSITÉ DE PARIS. — FACULTÉ DE DROIT

DES DROITS DE SUCCESSION

DU CONJOINT SURVIVANT

DANS LE DROIT FRANÇAIS

et dans les Principales Législations
étrangères.

THÈSE POUR LE DOCTORAT

L'ACTE PUBLIC SUR LES MATIÈRES CI-APRÈS

Sera soutenu le mardi 15 février 1898, à 10 heures

PAR

HIPPOLYTE DREYFUS

AVOCAT A LA COUR D'APPEL

Président : M. LYON-CAEN, *professeur.*

Suffragants : { MM. RENAULT,
LAINÉ, } *professeurs.*

PARIS

LIBRAIRIE NOUVELLE DE DROIT ET DE JURISPRUDENCE

ARTHUR ROUSSEAU, ÉDITEUR

14, RUE SOUFFLOT ET RUE TOULLIER, 13

—

1898

DES DROITS DE SUCCESSION

DU CONJOINT SURVIVANT

DANS LE DROIT FRANÇAIS

Et dans les Principales Législations étrangères

AVANT-PROPOS

1. Lorsque l'officier de l'état civil chargé de procéder
à la célébration du mariage donne aux futurs époux lecture
de l'article 212 du Code Civil, « les époux se doivent
mutuellement fidélité, secours, assistance », il ne fait
qu'énoncer, avec la concision juridique, un principe de
droit essentiellement naturel qui, de tout temps, a servi
de fondement au mariage. Les deux êtres qui unissent
ainsi leurs corps et leurs âmes par ce contrat que
Modestin appelait *consortium omnis vitæ, juris divini et
humani communicatio*, se promettent d'être toute la vie
l'un à l'autre, de rendre communs leurs joies et leurs
soucis particuliers, afin de les mieux supporter, de se
soutenir enfin dans les luttes de l'existence. De cette
communauté d'affection et d'intérêts, naît un lien si fort
de devoirs et d'amour que le libertinage et la dissolution

des mœurs d'aucune époque n'ont réussi à en affaiblir la
puissance ; et le mariage est demeuré le contrat le plus
étroit et le plus respectable en ce qu'il est le fondement
de toute famille et de toute société.

2. Mais ces devoirs réciproques qui pour les conjoints
constituent la règle de leur vie, ne se limitent pas à la
mort ; et l'époux survivant doit même à la disparition de
son conjoint trouver encore une assistance par laquelle,
celui qui n'est plus, survivra toujours dans son cœur. Ne
serait-il pas en effet souverainement injuste que le veuf
ou la veuve se trouvât par le seul fait de la survivance
précipité tout à coup dans la misère, et ayant peut-être
perdu déjà ses propres parents, devint un étranger
dans sa nouvelle famille sur laquelle il lui serait désormais inutile de compter. Ces hypothèses, faciles à imaginer et qui se rencontrent souvent dans la réalité,
empruntent un caractère particulier de tristesse lorsque
c'est le mari qui prédécède et que la femme, sans aucune
ressource propre, est livrée à elle-même à un âge où souvent les énergies font défaut et où, en tout cas, il est bien
pénible de se créer une nouvelle situation. Mais le cas est
le même pour les deux époux.

La plupart du temps, l'époux survivant a été l'auxiliaire
actif et zélé de cette fortune dont la mort de son conjoint
ne va plus lui permettre de continuer à jouir. Est-ce le
mari qui a apporté la richesse dans le ménage ? mais c'est
à la prudente économie de sa femme, presque autant qu'à
son heureuse administration qu'il en doit la conservation.

Est-ce la femme au contraire ? Mais que serait devenue sa dot, si elle n'avait pas été sagement administrée par le mari ? Ces efforts en commun qui ont amené dans le ménage ou qui y ont conservé le bien-être doivent laisser après la mort autre chose qu'un souvenir, et le survivant des époux ne doit pas subir la déchéance que lui imposerait un brusque changement de condition. Déjà, au xviie siècle, l'auteur des Caractères stigmatisait Géronte qui « meurt de caducité et sans avoir fait ce testament qu'il projetait depuis 30 années..... il ne vivait, depuis longtemps, que par les soins d'Astérie, sa femme... il ne lui laisse pas assez de biens pour pouvoir se passer pour vivre d'un autre vieillard ».

3. Le contrat de mariage, il est vrai, les donations entre époux, les testaments sont là pour empêcher le plus souvent que les éventualités choquantes que nous avons fait entrevoir ne viennent à se produire. Mais une législation prudente doit prévoir les cas où le survivant ne retire aucun avantage de son contrat de mariage, où il n'y a pas eu de libéralités entre époux, ni de testament, et faire dans l'ordre de la succession ab intestat une place au conjoint survivant.

4. Du reste, à considérer les choses en elles-mêmes, s'il est vrai, et cela ne saurait être contesté, que la succession ab intestat ne doive être autre chose que le testament du défunt fait par le législateur, quel rang le conjoint doit-il avoir dans l'ordre de la dévolution successorale ? S'il est permis d'hésiter sur le point de savoir

comment se réglera le concours entre lui, les enfants, les ascendants et les frères et sœurs, il semble tout au moins certain qu'il doive être à priori préféré aux collatéraux ordinaires. La nécessité économique de conserver les biens dans la famille s'oppose, il est vrai, à ce que ce principe soit poussé jusqu'à ses plus extrêmes conséquences ; mais il n'en demeure pas moins établi que l'époux survivant doit pouvoir *succéder* au sens propre du mot, et que la quarte de la veuve pauvre, la créance alimentaire, ne sont que des mesures insuffisantes, tout à fait incompatibles avec la dignité du mariage et la constitution de la famille moderne.

5. Nous nous proposons d'examiner quelle situation est faite au conjoint dans notre droit successoral et comment les principales législations étrangères ont, elles aussi, traité la question. Mais il paraît impossible d'aborder l'étude du droit actuel sans montrer d'une façon sommaire tout au moins comment, à Rome et dans l'ancienne France, le survivant du mariage était honoré et protégé. Aussi cette étude sera-t-elle divisée en quatre parties :

I Historique comprenant le droit romain, l'ancien droit français et le droit intermédiaire.

II Le droit français actuel comprenant l'article 767 du code civil modifié par la loi de 1891, et les lois spéciales de 1866 et de 1873.

III Législations étrangères.

IV Conclusion.

PREMIÈRE PARTIE

HISTORIQUE

CHAPITRE PREMIER

DROIT ROMAIN

6. Le droit romain s'est toujours préoccupé du sort du conjoint survivant et en particulier de la veuve. Jusque dans les derniers temps de la République, le mariage n'avait guère lieu sans la *manus* qui, comme on le sait, s'acquérait par la *confarrétio*, la *coemptio* ou l'*usus*. La femme alors devenait *heres sua* du mari, lui empruntait tous ses liens d'agnation, et trouvait dans sa nouvelle situation de sérieuses garanties : son patrimoine se confondait avec celui du mari, et formait un tout dont les époux étaient co-propriétaires et le mari administrateur. Devenant *loco filiæ mariti* et tenue par cela au même respect et à la même subordination que ses enfants envers lui, elle trouvait à la mort de celui-ci les mêmes droits héréditaires qu'eux. Il n'y avait donc jamais lieu de craindre qu'à la dissolution du mariage, l'époux survivant fût plongé dans la misère, et qu'aux douleurs du

veuvage vinssent s'ajouter pour lui l'humiliation et les
gênes d'un brusque changement de fortune. Car, de deux
choses l'une : Ou bien le mari prédécédait, et alors la
femme venait à la succession au même titre que les enfants, ce qui lui conférait le droit à la *querela inofficiosi*
testamenti en cas d'exhérédation sans cause légitime ;
ou bien le mari survivait, et en ce cas, il n'y avait pas
une véritable succession, à proprement parler, puisque la
femme n'avait plus de biens propres, mais cela revenait
au même, car dès le jour de l'acquisition de la *manus*, le
mari acquérait tous les biens de sa femme qui était sous
sa puissance (1).

7. Mais sous l'influence des mœurs nouvelles, cette
constitution théocratique de la famille romaine disparut
peu à peu ; la *manus* ne tarda pas à tomber en désuétude,
les femmes pouvant s'en affranchir par l'usurpation ; et
lorsque les mariages libres se furent substitués aux
unions contractées selon les formes dont nous venons de
parler, les protections devinrent insuffisantes pour la
femme, qui, n'entrant plus dans la famille de son mari
loco filiæ, ne pouvait plus lui succéder au même titre
que les enfants. Pour ses enfants eux-mêmes, elle demeu-
rait une étrangère, et elle ne pouvait trouver de droits
successoraux que dans sa propre famille. De là une situa-

---

(1) *Adquiritur autem nobis non solum per nonnet ipsos.*
sed etiam per eos quos in potestate, manu, mancipiove habe-
mus. (Institutes de Gaius, II, 86.)

tion fâcheuse à laquelle le Préteur se proposa de remédier par la *Bonorum Possessio unde vir et uxor*. Accordée tant au mari qu'à la femme, et à la femme comme telle et non comme fille, cette *bonorum possessio* est un premier pas vers le système des successions réciproques entre époux que l'ancienne condition juridique de la femme rendait jusqu'alors impossible (1). Grâce à cette institution et en cas de *justæ nuptiæ* non dissoutes par le divorce, le conjoint venait à la succession du prédécédé mais seulement après les descendants, les agnats et les cognats. Il ne primait donc que le fisc.

Ce n'était pas, il est vrai, faire au conjoint dans la réalité une situation bien privilégiée, puisque la *manus* qui seule permettrait d'écarter les parents était de plus en plus abandonnée. La *bonorum possessio* n'empêchait pas, par exemple, une femme qui n'avait pas de biens propres de tomber, à la mort de son mari, dans la plus noire misère alors que des parents éloignés se partageaient le patrimoine du défunt qu'ils n'avaient peut-être jamais connu. Malgré les efforts du Préteur la condition de l'époux survivant était donc sous certains rapports moins bonne que sous le régime de la *conventio in manum*.

---

(1) *Ut bonorum possessio peti possit, unde vir et uxor, justum esse matrimonium oportet. Cæterum, si injustum fuerit matrimonium, nequaquam bonorum possessio peti poterit : quemadmodum nec ex testamento adiri hereditas, vel secundum tabulas peti bonorum possessio potest : nihil enim capi propter injustum matrimonium potest.* (Digeste, unde vir et uxor, XXXVIII, 11, L. un. pr.

8. C'est à partir de Justinien que le droit se transforme et que nous voyons la législation accorder au conjoint de véritables droits de succession, et dans ces dispositions, dans leur quotité aussi bien que dans leur forme,
se trouve la source d'une grande partie des réglementa-
tions législatives modernes sur la question.

Cet Empereur décida en effet, en l'an 537, que le conjoint qui n'aurait pas de biens propres prendrait dans la
succession du prédécédé un quart en pleine propriété, à
moins que les legs que lui aurait faits le défunt ne
fussent égaux à cette quotité. Ce fut la quarte du conjoint pauvre (1). Mais la Novelle 117 vint détruire le principe de réciprocité : par cette novelle Justinien limita ces
droits à la veuve pauvre, non dotée, et non divorcée. Il
restreignit la *quarta uxoria* dans le cas où la femme se
trouvait en concours avec des enfants communs : elle
n'eut plus alors qu'une part d'enfant en propriété; et
dans le cas où les enfants étaient nés d'un précédent
mariage du mari la part n'était plus qu'en usufruit (2).
Le grand mérite de cette quarte était de constituer,
au profit de la femme, une sorte de réserve dont le

---

(1) Nov. 53 c. 6. Cette quarte a son origine dans l'obligation où
était le mari qui répudiait injustement sa femme non-dotée, de
lui faire abandon du quart de ses biens. Justinien pensait ainsi
arrêter le nombre sans cesse croissant des divorces, et mettre un
frein à la dissolution des mœurs.

(2) Novelle, 117 ch. 5. *Ut cum matrimonium est sine dote, et
conjux superstes inops, mortui quartam partem accipiat.*

mari ne pouvait lui enlever le bénéfice par testament. Cette même novelle décida que le quart de l'hérédité attribuée à la veuve ne devait jamais excéder 100 livres d'or.

9. Telles sont, en résumé, les dispositions qui avaient assuré à Rome le sort de l'époux survivant. Nous n'avons fait que les passer brièvement en revue ; mais du moins était-il bon de les rappeler au seuil de cette étude, car en ce point comme en beaucoup d'autres, la loi romaine a survécu dans son principe au moins, à peine modifiée à travers les évolutions des civilisations successives.

CHAPITRE II

§ 1er. — Droit écrit.

10. Et tout d'abord dans les pays de droit écrit, nous retrouvons les mêmes dispositions : le conjoint pauvre venait à la succession du prédécédé intestat pour un quart en pleine propriété, quel que fût l'ordre des cohéritiers, à moins toutefois qu'il ne se trouvât en présence d'enfants du *de cujus* auquel cas, le quart était en usufruit. Et cela sans distinguer, comme au temps de Justinien, entre l'époux et l'épouse. De même encore que sous l'empire du droit romain la femme survivante reprenait sa dot à titre de gain de survie; elle obtenait en outre, sous le nom d'*augment*, un supplément de ses reprises dotales sur les biens du mari, supplément dont la quotité variait suivant les coutumes locales et le nombre d'enfants; il était généralement égal à la moitié de la dot dans les pays de Toulouse, Foy, Montauban, dans le Forez et le Lyonnais. A Grenoble, au contraire, et dans le Maconnais et la Bresse, cet augment n'était pas légal, il devait être formellement stipulé dans le contrat de mariage.

11. Le *contre-augment* était pour le mari ce que l'aug-

ment était pour la femme. En outre de la dot, celui-ci gagnait généralement par la survie, une certaine partie des biens de la femme, avec les mêmes distinctions de quotité, suivant le ressort des Parlements dans lesquels s'ouvrait la succession. Nous verrons que l'augment avait, dans les pays de droit écrit où le régime dotal était presque exclusivement en vigueur, le même rôle que le douaire dans les pays de coutume où la plupart des mariages avaient lieu sous le régime de la communauté de biens.

12. Mentionnons aussi le droit de *bagues, joyaux et coffres* qui était accordé à la femme en compensation des différents cadeaux qu'il était dans l'usage que le mari lui fît [si elle avait déjà reçu ces cadeaux, elle devait les imputer sur son droit]. Ce droit beaucoup plus important que celui de linges et hardes était d'une quotité de la dot qui variait suivant la condition du mari. C'était, comme on le voit, une sorte de second augment, mais avec ceci de particulier que ce n'était pas uniquement un gain de survie, dans certains parlements du moins, mais aussi une partie du patrimoine dont la femme pouvait disposer par testament.

§ 2. — Droit coutumier.

13. La novelle 53 ne fut jamais admise dans les pays de droit coutumier à l'époque féodale ; et jusqu'au temps de Pothier, le seigneur venait à la succession de l'époux mort sans parents successibles. Il est vrai que le

conjoint survivant trouvait dans les avantages de la communauté des ressources qui lui permettaient généralement d'être à l'abri du besoin. Mais est il nécessaire de faire observer combien ces ressources pouvaient, en certains cas, être illusoires, puisque le mari, seigneur et maître des biens communs, avait pu les administrer et en disposer à son gré ? Aussi était-il nécessaire de remédier à l'état précaire où risquait de se trouver le survivant à la mort de son conjoint.

14. De tous les gains légaux de survie, le plus important était le douaire qui venait compenser pour les veuves le préjudice que leur causait le privilège de masculinité et les renonciations à succession que les parents imposaient à leurs filles en les dotant

Les origines du douaire ont donné lieu à de longues discussions entre les historiens. Les uns, se fondant sur l'avis de Beaumanoir (1), ne font remonter qu'à Philippe-Auguste les origines du douaire coutumier. D'autres, au contraire, et parmi eux M. Boissonade, dont l'autorité en la matière ne saurait être contestée, trouvent dans les lois des Burgondes et des Visigoths, des dispositions accordant à la veuve, un droit d'usufruit qui a tous les caractères du douaire légal. Quoi qu'il en soit, et sans chercher à établir ici à la suite de quelles transformations, le *Morgengabe* des Germains et le *Mundium* ont fait place au douaire, nous ferons remarquer simplement que c'est à

(1) *Coutume du Beauvoisis*, XIII, 12.

dater de Philippe-Auguste, que la quotité du douaire
légal fut fixée à la moitié des biens du mari, et que, si
l'usage était encore de constituer quelquefois un douaire
à la porte de l'église, c'était pour permettre à l'époux de
faire à sa femme une nouvelle libéralité. Si donc, il est
difficile de préciser à quelle époque le douaire de conventionnel devint légal et coutumier, il semble cependant
bien évident que ce dernier a une origine antérieure à
Philippe-Auguste.

15. « Le douaire coutumier dans la plupart des coutumes consiste dans l'usufruit que la coutume accorde
aux femmes, d'une certaine portion de certains biens de
leur défunt mari (1).» Telle est la définition qu'en donne
Pothier. Elle montre que ce n'était pas là le seul douaire
en usage ; en effet et jusqu'à l'époque monarchique, les
Coutumes de la Marche, de La Rochelle, de Cambrai,
n'admettaient que le douaire préfix ou conventionnel :
nous verrons ce qui le différencie du douaire légal.

16. Si au début le douaire coutumier ne portait que
sur les biens que le mari possédait au moment du mariage, parce que ceux-là seuls, exactement connus, étaient
propres à assurer à la femme une honnête situation lors
de son veuvage, on ne tarda pas à leur ajouter dans la
plupart des coutumes, les biens que le mari acquérait
par la suite à titre de succession en ligne directe. Plus
tard, même, dans le Bourbonnais, on établissait la quo-

(1) Pothier, *Traité du Douaire*, 1re partie. Ch. II. Section 1.

tité du douaire sur les biens que possédait le mari au jour
de son décès, en en déduisant naturellement les conquets
de communauté. Mais en aucun cas, l'assiette du douaire
ne devait porter sur d'autres biens que les immeubles,
les meubles n'étant pas alors considérés comme assez so-
lides pour établir sur eux un droit si essentiel pour la
femme. Il faut faire une exception pour certaines coutumes qui, dans le cas où le mari n'avait reçu aucun hé-
ritage, admettait le douaire subsidiaire : Celui-ci portait
alors sur une partie des conquets qui ne revenaient pas
à la femme et par suite sur les meubles échus aux héritiers.

Nous en aurons fini avec l'assiette du douaire lorsque
nous aurons dit qu'il ne pouvait en aucun cas porter sur
des biens déjà affectés à un autre douaire, c'est ce qu'exprimait la règle : « douaire sur douaire n'a lieu ». Le cas
se présentait lorsqu'une veuve se trouvait en face de biens
qui assuraient le douaire de la mère de son mari. Dans
ce cas et si les biens non grevés d'usufruits étaient insuffisants pour la remplir de ses droits, la nouvelle douairière devait attendre que le douaire plus ancien eût pris
fin (1).

17. La femme ne pouvait cumuler le douaire légal et

(1) Mentionnons ici le droit de *vivenote*, par lequel, dans la
coutume de Lille, l'épouse survivante d'un roturier qui ne se remariait pas, avait la jouissance spéciale des biens que son mari
tenait en censive, à la condition d'en affecter les revenus à l'éducation des enfants communs. C'était du reste une particularité
qui ne se remarquait pas dans les autres coutumes, et dont nous
ne parlons qu'à titre de souvenir.

le douaire préfix : la majorité des coutumes et avec elle
la plus importante, celle de Paris, lui interdisait même
d'opter à la dissolution du mariage pour le premier.
C'était du reste son intérêt, car la quotité de celui-ci était
fixée à la moitié, et même dans certains pays, au tiers des
biens du mari, tandis que par une convention le mari
était libre d'avantager sa femme dans telles proportions
qu'il lui plaisait (et c'est une des différence entre le douaire
coutumier et le douaire préfix). — Le droit au douaire
était acquis dès la célébration du mariage, sous la condition suspensive de la survie, et les immeubles du mari ne
pouvaient être valablement aliénés que dans le cas où cette
condition ne se réalisait pas. Il y avait là, comme l'a dit
Pothier, au profit de la femme, une sorte de réserve garantie par l'hypothèque légale et assise sur des biens déterminés. Conformément aux principes en matière d'aliénation, la femme qui avait autorisé la vente d'un immeuble
affecté à son droit, ou celle qui, à la dissolution du mariage, acceptait la communauté, n'était plus recevable à
attaquer la vente.

La douairière par le douaire légal avait, d'autre part,
la saisine dès la mort du mari, ce qui lui permettait d'entrer en jouissance de la portion de biens affectée à son usufruit sans être contrainte de demander aux héritiers
d'être mise en possession. Le douaire préfix, au contraire,
ne saisissait pas la veuve de plein droit.

18. Comment s'éteignait le douaire ? En dehors des
causes générales qui mettent fin à tout droit d'usufruit,

telles que la mort naturelle ou civile, le non-usage, l'ex-
tinction de la chose elle-même, la consolidation, certaines causes spéciales font perdre à la femme le bénéfice de son douaire ; tels sont l'adultère, l'immoralité.
Certaines coutumes, comme celles de Bretagne, allaient
jusqu'à priver la veuve de son douaire lorsqu'elle se
remariait avec son domestique, trouvant qu'une pareille
union même sanctionnée par l'Église impliquait une telle
déchéance, que la femme qui l'avait contractée était à tout
jamais indigne. Dans un ordre d'idées plus conforme à
une meilleure appréciation des choses, la femme qui avait
abandonné son mari pendant sa maladie au lieu de le
soigner et qui ne se trouvait pas à son chevet au moment
de sa mort était déchue de son douaire.

Lorsque la veuve se remariait, elle ne perdait pas pour
cela le bénéfice du douaire, à moins que son contrat de
mariage ne le décide, mais elle devait d'après la coutume
d'Orléans « bailler caution suffisante », c'est-à-dire fournir un fidéjusseur. Dans tous les autres cas la douairière
était dispensée de fournir caution pour son usufruit.

Tel était le droit de survie le plus important, et par son
étendue et par les personnes auxquelles il s'appliquait. Si
la reine de France, en effet, et les veuves des hauts digni-
taires de la couronne ne pouvaient avoir de douaire, afin
de ne pas morceler les grands fiefs, du haut en bas de
l'échelle féodale, depuis la femme noble jusqu'à la dernière des roturières, toutes les veuves trouvaient par là
de quoi subsister après la mort de leur mari.

19. Il nous reste à citer quelques gains de survie, légaux ou coutumiers suivant les régions, qui venaient compléter les effets du douaire pour les femmes, et qui procuraient aux hommes des avantages qui, sans être l'équivalent du douaire, remplissaient tout au moins le même but en leur assurant à la dissolution du mariage la propriété de certains biens.

La coutume accordait quelquefois un douaire moins considérable à la femme noble qu'à la roturière. C'est ainsi que les Etablissements de Saint-Louis n'accordent qu'un tiers à celle-là et une moitié à celle-ci. Mais la première trouvait dans le *préciput légal* des nobles une compensation à cette infériorité apparente. C'était le droit, d'après la coutume de Paris, qu'avait tout survivant noble, homme ou femme, vivant noblement, c'est-à-dire ne se livrant pas au commerce, pourvu qu'il n'y ait pas d'enfants communs, de prendre les meubles situés hors la ville et les faubourgs de Paris et qui n'y avaient pas été transportés frauduleusement. Ce droit entraînait par contre l'obligation de subvenir aux frais de funérailles et de supporter les dettes mobilières, de sorte que si celles-ci étaient trop importantes, le conjoint était libre de renoncer à son préciput.

20. Dans les coutumes de *dévolution*, les biens propres du survivant étaient inaliénables entre ses mains. Il y avait là une sorte de substitution au profit des enfants communs, nés du mariage ; les propres se trouvaient « bridés » et le conjoint n'en conservait que l'usufruit.

C'était un souvenir de la Constitution *Feminœ quœ* rendue par les Empereurs Valentinien II et Théodose Ier qui
obligeait la veuve remariée à conserver pour les enfants
du premier lit les biens qu'elle avait reçus de son premier
mari. Constitution que, plus tard, les Empereurs Valentinien III et Théodose II étendirent aux hommes. Comme
compensation à la perte que lui faisait subir cette inalié-
nabilité, le conjoint avait, de par la coutume ou de par la
convention quand celle-ci était muette, un droit d'usufruit
universel sur les immeubles du prédécédé.

21. A Lille, à Valenciennes et dans presque tout le Nord
de la France, la coutume accordait encore au survivant
qui était marié sous le régime de la communauté, et lorsqu'il y avait des enfants, la propriété des biens communs
qui était la part des héritiers du prédécédé. C'était *l'entravestissement* appelé aussi *ravestissement*, ce droit n'avait
lieu qu'à la dissolution du premier mariage, et si le conjoint se remariait, le ravestissement se restreignait aux
meubles ; et à la dissolution de ce nouveau mariage, si le
même époux survivait, il ne pouvait obtenir un second
ravestissement.

22. Le préciput légal, les droits résultant de la dévolution et l'entravestissement étaient tous trois communs
au mari et à la femme survivants. Nous allons passer
maintenant en revue quelques droits, qui dans les pays
de coutume aussi bien que dans les pays de droit écrit,
étaient propres à la femme, ce sont ceux *d'habitation*, de
deuil, et de *linges et hardes*.

23. Le droit d'habitation et de nourriture date des
Établissements de Saint-Louis et presque toutes les coutumes, sauf celles de Paris et d'Orléans, l'accordaient à la
veuve. C'est ainsi que durant sa viduité elle pouvait,
outre son douaire, loger dans une des habitations du
mari. A Paris, où ce droit n'existait pas, la femme avait
contre la succession un droit de créance pour être nour-
rie et logée aux frais de la succession pendant les délais
qui lui étaient impartis pour faire inventaire et délibé-
rer. C'est en somme ce dernier droit qui est passé dans
l'article 1465 du Code Civil, tandis que le droit d'habitation coutumier était viager.

La veuve avait en outre une créance pour se faire rem-
bourser les dépenses qu'occasionnait le port de son deuil,
et elle pouvait emporter, grâce au droit de linges et
hardes, son lit et les vêtements qu'elle avait coutume de
porter généralement. Si l'on se rappelle que la saisine lui
était accordée pour son douaire, l'on voit que l'ancien
régime était de beaucoup plus favorable à la veuve que
ne l'a été le Code Civil.

§ 3. — Droit intermédiaire.

24. Cette organisation puissante de la féodalité qui,
par ses privilèges et par ses hiérarchies, avait groupé et
maintenu l'ancienne France, devait disparaître avec la
Révolution. De profondes modifications dans la condition

des personnes devaient entraîner tout un régime de successions nouveau, car les principes d'égalité qui s'étaient
fait jour au milieu des vexations de la monarchie n'étaient
plus compatibles avec un système auquel se rattachaient
les différents droits que nous venons de passer en revue.
C'est ainsi que du jour (1) où les filles furent appelées au
même titre que les fils à la succession de leurs parents
défunts, la loi du 17 Nivôse an II vint abolir le douaire,
l'augment et le contre-augment qui n'auraient pu subsister
que comme des dispositions désormais inutiles ou comme
des vestiges d'une époque abhorrée. Les législateurs de la
période intermédiaire, plus préoccupés de démolir que
de construire, ont borné là leurs efforts pour la réglemen-
tation de la succession ab intestat du conjoint survivant (2).

(1) La loi du 8 avril 1791 abolit le privilège de masculinité et le
droit d'aînesse.
(2) La loi de nivôse et celle du 9 fructidor an II, autorisent
dans une large mesure les donations entre époux.

DEUXIÈME PARTIE

DROIT FRANÇAIS ACTUEL

25. Malheureusement les législateurs de l'an II ont trouvé des imitateurs dans les rédacteurs du Code Civil qui, s'ils ont assigné un rang à l'époux survivant dans la succession ab intestat, l'ont fait d'une façon tellement insuffisante que la grande œuvre d'unité de 1804, si universellement admirée, n'a été suivie sur ce point spécial que par de rares législations étrangères ; car jusqu'en 1891, la loi française ne donnait au conjoint que la place humiliante du dernier rang des successibles, et ne le faisait hériter, par préférence au fisc, qu'après les collatéraux du 12ᵉ degré, qu'après même les parents naturels que les art. 756 à 766 appelaient à la succession. Le principe de la conservation des biens dans les familles, qui est à la base de tout notre système successoral, est insuffisant pour justifier une telle disposition que n'atténue aucun correctif ; et les rédacteurs du Code ont mérité toutes les critiques en contraignant le conjoint pauvre à la triste nécessité de demander des aliments à ses enfants.

26. L'histoire de cet article 767 est connue : elle nous

a été transmise par le procès-verbal de la séance du Conseil d'Etat du 9 Nivôse an XI (1).

Malleville ayant fait observer qu'une disposition reçue par la jurisprudence, donnant une portion à l'époux survivant lorsqu'il était pauvre et ne recueillait pas la succession, avait été omise dans le chapitre des successions irrégulières, il lui fut répondu par Treilhard que l'art. 55 lui accordait un tiers des biens en usufruit. Et il fut passé outre. Or, il y avait dans cette réponse une double erreur. L'article 55 du projet (768 du Code) portait : « à défaut du conjoint survivant, la succession est acquise à la République ». C'est évidemment l'art. 40 auquel Treilhard faisait allusion, lequel article (754 du Code aujourd'hui) accordait au père ou à la mère survivant, et *non à l'époux*, l'usufruit du tiers des biens auquel il ne succédait pas en propriété (2). Tels sont les faits : faut-il y voir, comme Malleville lui même dans son analyse raisonnée du Code Civil et comme M. Boissonade (3), une erreur que personne, parmi les membres du Conseil d'Etat, n'a aperçue ou bien plutôt une erreur qu'aucun d'eux n'a voulu relever, dans

(1) Fenet, *Travaux préparatoires du Code civil.*

(2) L'art. 754 est ainsi conçu : « Dans le cas de l'article précédent (c'est-à-dire lorsque la succession est dévolue pour moitié aux ascendants survivants d'une ligne, et pour moitié aux parents les plus proches de l'autre ligne) le père ou la mère survivant a l'usufruit du tiers des biens auxquels il ne succède pas en propriété. »

(3) Boissonade, *Histoire des Droits du Conjoint survivant,* p. 340.

le parti bien arrêté de ne pas faire au conjoint survivant une part plus avantageuse? Nous pencherions plus volontiers pour cette dernière hypothèse, car il paraît bien difficile à admettre que des jurisconsultes aussi savants aient pu se tromper tous sur un pareil sujet. De plus, en décidant que « lorsque le défunt ne laisse ni parents au degré successible, ni enfants naturels, les biens de sa succession appartiennent en pleine propriété au conjoint non divorcé qui lui survit » (1), ils étaient, comme on dit, de leur temps, et sanctionnaient d'une manière définitive l'abolition du douaire, de l'augment et du contre augment.

27. Différentes lois ou décrets, sont venus dans une certaine mesure donner satisfaction à ceux qui réclamaient en faveur de la veuve surtout une situation moins rigoureuse. Tels sont : le décret du 1er mars 1808 accordant à la veuve d'un titulaire de Majorat une pension viagère sur les revenus des biens majoratisés ;

La loi du 9 juin 1863, modifiée par la loi du 28 août 1893 sur les pensions civiles, qui donne aux veuves des fonctionnaires un droit sous certaines conditions à une pension ;

Différentes ordonnances rendues sous la Restauration ou sous la monarchie de Juillet conférant des droits analogues aux veuves des militaires ;

(1) Ancien article 767 du Code Civil.

La loi du 14 juillet 1866 sur les droits des ayànts cause
des auteurs ;

La loi du 25 mars 1873 sur le régime des déportés à
la Nouvelle-Calédonie.

28. A vrai dire, chacune de ces lois ne concède pas
des droits de succession proprement dits ainsi que nous
le verrons plus loin ; et nous nous réservons d'étudier
plus particulièrement les deux dernières, qui, elles, font
partie inhérente de notre sujet.

29. Quoi qu'il en soit, malgré les violentes critiques
auxquelles a donné lieu l'art. 767 depuis la promulgation
du Code Civil, malgré l'exemple de presque toutes les
législations étrangères qui, sur ce point, se sont bien gar-
dées de nous imiter, ce n'est que le 9 mars 1891 qu'une
loi est venue réparer l'erreur ou l'oubli volontaire des
rédacteurs du Code Civil. A vrai dire, dès 1849, M. Bour-
zat avait déposé une proposition de loi, tendant à ce qu'il
fût accordé au conjoint survivant pauvre un droit de succession en propriété, avec une réserve portant sur l'usufruit et variant suivant la qualité des héritiers. Mais sur
un rapport de M. Victor Lefranc, l'Assemblée le repoussa
en 1851, trouvant avec le rapporteur que la concession
d'un droit de propriété constituait une innovation dange-
reuse, renversant notre système successoral en établissant
une brèche dans la chaîne de la consanguinité, par où
pourraient un jour s'introduire les idées socialistes de ceux
qui voudraient rapprocher de la souche les droits du fisc.
Le projet fut repris en 1872, par M. Delsol ; pris en con-

sidération en 1873, il fut voté en première lecture et
après modification en 1877 au Sénat, et en 1886 seulement
à la Chambre des députés. Plusieurs fois modifié de nouveau devant les deux Assemblées, ce n'est que grâce à
l'énergique et persistante éloquence de M. Piou qu'il fut
définitivement voté le 28 février 1891. La loi fut promulguée le 9 mars.

30. Peu de lois, croyons-nous, ont eu une gestation
aussi laborieuse. Pendant près de dix années, le projet a
été examiné attentivement par les Commissions tirées du
sein des différentes législatures qui se sont succédé ; les
avis des Facultés de Droit, des Cours d'appel, de la Cour
de Cassation, ont été sollicités et judicieusement exami-
nés (1). Il en est résulté pour le conjoint survivant, un véritable droit de succession sans distinguer entre le veuf
ou la veuve, fondé logiquement sur l'idée du testament
présumé et non plus sur je ne sais quel principe de secours ou d'humiliante aumône qui semblait avoir guidé
le législateur du Code Civil, lorsqu'il accorda les droits
de viduité de la femme dotale ou de la femme commune
(art. 1570 et 1465). Avons-nous maintenant un système
parfait, définitif? L'étude du nouvel article 767 et des principales législations étrangères va nous permettre de répondre à cette question.

31. Nous examinerons donc dans une première partie

_____

(1) Voir le remarquable rapport de M. Sébert à l'Assemblée
nationale. *Journal officiel* des 9, 10, 11, 12, 13 et 14 mars 1875.

l'article 767 modifié par la loi du 9 mars 1891, qui forme
à l'heure actuelle le droit commun de la succession ab
intestat du conjoint. Puis, nous analyserons les différentes
lois spéciales encore en vigueur qui, sur certains points,
accordent aussi au conjoint des droits successoraux ; nous
verrons comment elles se combinent avec l'article 767.
Enfin, une troisième partie consacrée à l'examen des principales législations étrangères, nous permettra de comparer et de conclure.

CHAPITRE PREMIER

32. La loi du 9 mars 1891 constitue, avons-nous dit, la base de tout notre système de succession entre époux. Elle s'exprime ainsi :

« Art. 1er. — L'article 767 du Code Civil est ainsi modifié : Lorsque le défunt ne laisse ni parents au degré successible ni enfants naturels, les biens de sa succession appartiennent en pleine propriété au conjoint non divorcé qui lui survit (1), et contre lequel n'existe pas de jugement de séparation de corps passé en force de chose jugée. Le conjoint survivant non divorcé qui ne succède pas à la pleine propriété et contre lequel n'existe pas de jugement de séparation de corps passé en force de chose jugée, a sur la succession du prédécédé un droit d'usufruit qui est :

« D'un quart si le défunt laisse un ou plusieurs enfants issus du mariage ; — d'une part d'enfant légitime le moins prenant, sans qu'elle puisse excéder le quart si le défunt a des enfants nés d'un précédent mariage ; — de moitié dans tous les autres cas, quels que soient le nombre et la qualité des héritiers. — Le calcul sera opéré sur une

---

(1) Ici, s'arrêtait l'ancien article 767.

masse faite de tous les biens existants au décès du *de cu-*
jus, auquel seront réunis fictivement ceux dont il aurait
disposé soit par acte entre vifs, soit par acte testamentaire
au profit de successibles sans dispense de rapport. Mais
l'époux survivant ne pourra exercer son droit que sur les
biens dont le prédécédé n'aura disposé ni par acte entre
vifs ni par acte testamentaire, et sans préjudicier aux
droits de réserve ni aux droits de retour. — Il cessera de
l'exercer dans le cas où il aura reçu du défunt des libéralités, même faites par préciput et hors part, dont le
montant atteindrait celui des droits que la présente loi lui
attribue, et si ce montant était inférieur, il ne pourrait
réclamer que le complément de son usufruit. — Jusqu'au
partage définitif, les héritiers peuvent exiger, moyennant
sûretés suffisantes, que l'usufruit de l'époux survivant soit
converti en une rente viagère équivalente ; s'ils sont en
désaccord, la conversion sera facultative pour les tribunaux. — En cas de nouveau mariage, l'usufruit du conjoint
cesse s'il existe des descendants du défunt.

« Art. 2. — L'art 205 du Code Civil est ainsi modifié :
les enfants doivent des aliments à leurs père et mère ou
autres ascendants qui sont dans le besoin. La succession
de l'époux prédécédé en doit dans le même cas à l'époux
survivant. Le délai pour les réclamer est d'un an après
le décès et se prolonge en cas de partage jusqu'à son
achèvement. La pension alimentaire est prélevée sur
l'hérédité. Elle est supportée par tous les héritiers et en
cas d'insuffisance par tous les légataires particuliers pro-

portionnellement à leur émolument. Toutefois, si le défunt a expressément déclaré que tel legs sera acquitté de préférence aux autres, il sera fait application de l'art. 927 du Code Civil.

« Art. 3. — La présente loi est applicable à toutes les colonies où le Code Civil a été promulgué. »

33. La loi de 1891 contient trois droits bien distincts accordés au conjoint survivant :

1° Un droit de succession en propriété (art. 767 ancien) ;

2° Un droit d'usufruit (art. 767 nouveau, § 2) ;

3° Un droit à des aliments vis-à-vis de la succession du prédécédé (art. 2 de la loi modifiant l'art. 205 du Code Civil).

Or, ces différents droits n'ont pas tous la même portée et ne participent pas également du caractère de *droit de succession*, si l'on entend par là les droits contenus dans le titre I du livre III du Code Civil ; et c'est bien là le véritable sens juridique du mot, sens dans lequel nous entendons traiter des droits de succession du conjoint survivant.

34. Examinons donc séparément chacun de ces droits, afin de savoir s'ils rentrent ou ne rentrent pas dans notre sujet. Tout d'abord le droit de propriété de l'époux survivant est un véritable droit de succession. C'est là un point certain tout à fait hors de question ; en effet, l'époux est appelé par la loi dans l'ordre de la dévolution ab intestat en l'absence de tout héritier du sang, légitime ou naturel.

35. La question de savoir si le droit en usufruit est un droit de succession a pu paraître douteuse. En effet certains commentateurs, tirant argument des termes mêmes de la loi qui stipule que le conjoint « qui ne succède pas à la pleine propriété, a un droit d'usufruit sur la succession », ont voulu voir là une libéralité faite par le législateur au nom du *de cujus* et non un droit successoral proprement dit. D'où, il faudrait appliquer les art. 955 et suivants du Code Civil sur la révocation par exemple et non l'art. 727 sur les causes d'indignité. Mais cette opinion ne saurait prévaloir en présence de la place de l'art. 767 au titre même des successions, et de l'opinion des Cours d'appel qui étaient opposées à ce nouveau droit *successoral* (voir le rapport de M. Sébert, *Journal Officiel*, 11 mars 1875). Quant à un autre argument tiré d'une circulaire du directeur de l'Enregistrement qui n'assujettit l'usufruit du conjoint qu'au droit de mutation de 3 0/0, qui est celui des mutations entre époux par donation ou testament, il n'a guère plus de valeur en présence des déclarations de M. Piou à la Chambre des Députés le 26 février 1891, déclarations qui établissent que cet usufruit devait échapper au droit de 9 0/0 qui est celui des mutations entre étrangers et bénéficier du droit de 3 0/0.

36. Reste le droit aux aliments contenu dans l'article 2 de la loi de 1891. Ici pas de doute possible, ce n'est pas un droit successoral. M. Delsol, lui-même, dans son rapport au Sénat du 4 novembre 1890, reconnaissait que « la

pension alimentaire de l'époux survivant ne saurait constituer pour lui un droit successoral et lui être allouée à ce
titre. » La Chambre des Députés fut du même avis et décida de transférer l'article 2 au titre du mariage, chapitre des obligations qui en naissent, sous l'article 205.
Donc, c'est une charge de la succession, un droit de
créance nouveau, appartenant à l'époux, fondé sur des raisons d'équité et de justice et non sur l'idée du testament présumé du défunt. En effet l'utilité de ce droit apparaît justement dans le cas où le défunt aurait par son testament
privé son conjoint des droits qui auraient pu lui revenir.
C'est un minimum que le conjoint besogneux sera toujours sûr de trouver ; c'est là sa seule réserve, s'il est
permis de qualifier ainsi cet avantage spécial.

37. Ainsi, il ne faudra pas appliquer dans ce cas les
règles des successions sur l'indignité, sur la contribution aux dettes, etc. ; l'article 205 ne fait pas partie de
notre sujet, pas plus du reste que les autres droits de
créance qui sont accordés à la veuve par les articles 1465,
1492, 1566, 1570, du titre du contrat de mariage.

L'époux, pour acquérir ces droits, n'a pas besoin, en
effet, d'accepter la succession, dans laquelle on ne peut
pas dire que ses droits se trouvaient, puisqu'ils sont, au
contraire, créés par le législateur à son profit.

38. Voici donc notre sujet nettement délimité : Nous
laisserons de côté les droits de créance pour ne traiter
que des droits successoraux *stricto sensu*, le droit de
propriété et le droit d'usufruit. Une première question se

pose logiquement, celle de savoir si tout conjoint survivant a le droit de succéder, quelles sont les conditions d'ouverture de ce droit?

Puis, ces conditions une fois déterminées, le droit une fois ouvert et réellement existant au profit d'une personne donnée, nous l'étudierons en lui-même.

Enfin, nous examinerons les causes de déchéance de ce droit.

§ 1er

Conditions d'ouverture du droit successoral
de l'époux survivant.

39. Pour que le conjoint soit appelé à succéder, il y a nécessairement deux catégories de conditions dont l'étude s'impose. Les conditions générales exigées de tout successible, et les conditions spéciales propres à l'époux. Sur les conditions générales point n'est besoin de s'arrêter longuement ; c'est ainsi qu'il faut « nécessairement exister à l'instant de l'ouverture de la succession » (725 du Code Civil). De même il faudra appliquer les articles 135 et 136 du Code Civil sur les effets de l'absence, prouver la survie dans les cas où les deux époux auraient péri dans une même circonstance (théorie des Commorientes, art. 721 et 722 du Code Civil). L'époux enfin ne doit pas être indigne, c'est-à-dire ne doit pas se trouver dans un des cas énumérés dans

l'art. 727 du Code Civil, savoir : 1° une condamnation pour
avoir donné ou tenté de donner la mort au défunt ;
2° le fait d'avoir porté contre le défunt une accusation
capitale jugée calomnieuse ; 3° le fait pour l'époux
majeur instruit du meurtre de son conjoint de ne pas
l'avoir dénoncé à la justice. On sait que la déclaration
d'indignité qui peut être demandée par tout intéressé
doit être prononcée par le tribunal (généralement le
tribunal civil de l'ouverture de la succession). Relativement à la privation de ses droits pour l'époux indigne,
M. Humbert s'est expliqué lui-même devant le Sénat (1).

40. Quelles sont maintenant les conditions spéciales
au conjoint ? L'article 767 en contient trois, ce sont :
1° un mariage valable et existant au moment du décès ;
2° l'absence du jugement de séparation de corps rendu
contre le survivant ; 3° l'absence d'exhérédation.

Examinons successivement ces différentes conditions.

SECTION PREMIÈRE. — *Mariage valable et existant.*

41. Il faut d'abord que le mariage soit valable, c'est-
à-dire que les époux aient rempli les conditions d'apti-
tudes personnelles et les conditions de forme exigées
par la loi, ou, suivant M. Beudant, dans son cours de

_____
(1) Cf. Gerbault et Dubourg, *Code des droits successoraux des
époux.* p. 75, n° 55.

droit civil (1), il faut que les conjoints satisfassent aux prescriptions de l'article 76 du Code Civil, qu'ils ne soient dans aucun des cas d'empêchement prévus, et que leur consentement au mariage soit constaté dans les formes prescrites.

42. L'examen des questions qui se posent à l'occasion des différentes nullités de mariage, sortirait des bornes de cette étude. Nous nous contenterons de dire que chaque fois qu'une des conditions requises fait défaut, la nullité peut être poursuivie devant les tribunaux et lorsqu'un jugement la prononçant est intervenu, le mariage est censé n'avoir jamais existé : tant dans le passé que dans l'avenir, ses effets sont détruits. Les époux perdent donc tout droit sur la succession l'un de l'autre ; si même la nullité n'est déclarée qu'après la liquidation de la succession, le conjoint survivant se verra contraint de restituer aux ayants droit, tout ce qu'il aura déjà perçu. En effet, sa vocation héréditaire résultant exclusivement du mariage, une fois ce mariage annulé, son droit disparaît, pour faire place à celui des autres héritiers ; c'est ce qu'on exprime en disant que la déclaration de nullité a un effet rétroactif.

42. Dans un cas cependant, il n'en est pas ainsi. Il peut se faire, en effet, que les époux, ou l'un des deux seulement, aient contracté de bonne foi un mariage nul : c'est le mariage *putatif* qui, d'après l'article 201 du Code Civil, produit néanmoins les effets civils, tant à l'égard

(1) Cf. Beudant, *Cours de Droit civil*, I, n° 211.

des époux qu'à l'égard des enfants. Mais ces effets ne se
produisent qu'à l'égard de l'époux de bonne foi. On ne
comprendrait pas, en effet, puisque c'est à raison de la
bonne foi que le mariage quoique annulé a des effets,
que l'époux de mauvaise foi en retirât un bénéfice. Les
droits qui naissent du mariage cessent alors d'être réciproques Le droit de succession, qui est un effet civil, au
sens de l'article 201, doit donc être maintenu au profit
du survivant, s'il est de bonne foi. Mais on s'est demandé
si l'époux de bonne foi, pouvait succéder à son conjoint
même après l'annulation, car à partir de ce moment on
dit qu'il ne peut plus être de bonne foi. Cette question a
divisé la doctrine. Certains, comme MM. Baudry-Lacantinerie et Wahl (1), pensent que le titre d'époux n'appartenant plus au conjoint après la déclaration de nullité, il
ne pourra plus venir réclamer une succession qui s'ou-
vrira par la suite : en effet, disent-ils, le droit ne prend
naissance qu'à la mort du *de cujus*, et, à ce moment, le
survivant ne remplit plus les conditions pour être héritier.

44. Mais, s'il est vrai que le droit héréditaire ne naît
qu'au jour du décès, la vocation éventuelle à ce droit
naît, elle, au jour du mariage contracté de bonne foi, et
nous nous rangerons plutôt à l'avis contraire, qu'ont soutenu M. Laurent et M. Beudant (2). En effet, la loi ne distingue pas, et du moment que la bonne foi existait au jour

(1) Successions, T. I.
(2) *Cours de Droit civil français*, II, p. 406.

du mariage, tous les effets civils que celui-ci est suscep-
tible de produire doivent être maintenus : autrement, on
créerait une nouvelle déchéance, que le Code n'a pas
indiquée.

45. Une situation assez étrange pourrait se produire
en cas de bigamie, si les deux épouses invoquaient l'une
la validité du premier mariage, l'autre sa bonne foi lui
donnant le droit aux avantages du mariage putatif. Il
semble que dans ce cas, leurs titres étant égaux, elles
devraient se partager la succession. (Voir en sens contraire Gerbault et Dubourg, page 66 ; d'après cette opinion
les droits du conjoint de bonne foi ne peuvent jamais faire
obstacle à ceux du véritable conjoint. Nous ne la croyons
pas fondée.)

46. Il faut aussi, avons-nous dit, que le mariage soit
existant, c'est-à-dire non dissout par le divorce. En effet
il n'y a plus de vocation héréditaire une fois l'union conjugale définitivement rompue par le divorce. Les deux
époux demeurent aussi étrangers l'un à l'autre que s'ils
ne s'étaient jamais connus. Cette nécessité du mariage
non dissout par le divorce existait du reste déjà sous le
régime restreint du Code Civil : elle aurait même pu être
passée sous silence tant il est clair qu'après le divorce le
survivant des époux ne peut plus être le *conjoint* dont
parle l'article 767. Mais il faut que le divorce soit devenu
définitif : ce résultat est obtenu, on le sait, depuis la loi
de 1886, par la transcription du jugement sur les registres
de l'état civil, et par la mention de ce même jugement

en marge de l'acte de mariage. La transcription ne peut
être faite qu'après l'expiration des délais impartis aux
défendeurs pour l'opposition, l'appel, ou le pourvoi en
cassation. Le demandeur a deux mois pour requérir cette
transcription. Mais s'il ne l'a pas fait dans le premier
mois, le droit de la requérir appartient au défendeur
concurremment avec lui dans le deuxième mois. — Il
existe une quatrième voie de recours, la requête civile, au
sujet de laquelle un doute a pu naître qui tient au silence
de la loi. Le projet du Gouvernement portait « le jugement ou l'arrêt ne peut être attaqué par la voie de la
requête civile. » La Commission supprima cet alinéa qui ne
fut pas reproduit. On ne put cependant pousser les
choses jusque dans leurs plus extrêmes conséquences, ce
qui aurait conduit à rendre impossible toute transcription, et l'on dut admettre que la transcription pourrait
être requise avant l'expiration des délais de la requête
civile, car ces délais ne commencent à courir que du jour
de la découverte d'un fait nouveau qui pourra survenir
longtemps après le divorce. Il pourra donc se faire qu'un
divorce rendu définitif par la transcription soit annulé
par ce recours extraordinaire, et que les époux retrouvent
ainsi des droits qu'ils avaient perdus, les droits de succession entre autres. Toutes ces questions de délais que
le législateur a imposées aux demandeurs comme autant
d'obstacles destinés à les arrêter sur le chemin du divorce,
sont de droit strict et doivent être observées à peine de
nullité. Une fois le jugement rendu définitif par la trans-

cription, il rétroagit au jour de la première citation à
comparaître devant le tribunal.

47. Nous savons donc à quelles conditions un divorce
est devenu définitif et nous voyons très clairement, qu'en
pareil cas, un individu ne peut plus venir réclamer des
droits successoraux sur le fondement d'une union ainsi
dissoute. Il n'en est plus ici comme du mariage putatif :
aucun effet civil ne subsiste. Telle est la première condition que nous avions à examiner, un mariage valable et
existant. Etudions maintenant la seconde.

SECTION II. — *Absence de jugement de séparation de corps
contre le conjoint survivant.*

48. Cette deuxième condition est négative : il faut
qu'aucun jugement de séparation de corps ayant force
de chose jugée ne soit intervenu contre le survivant.
Sous l'empire du Code Civil il n'en était pas ainsi. Seul
le divorce devenu définitif privait les époux de leurs
droits successoraux. Mais les différentes lois postérieures
modifiant le régime successoral étant fondées sur le
principe de l'affection présumée du *de cujus*, on ne
pouvait vraisemblablement pas attribuer tout ou partie
de son patrimoine à l'époux coupable. C'est ainsi que la
loi de 1866 prive de la jouissance des droits d'auteur
l'époux contre qui a été prononcée la séparation de corps.
Dans la loi de 1873 sur la déportation, pour des considérations analogues, on exige du conjoint survivant la

cohabitation pour succéder à la concession des terres.
Cette condition, pour des raisons spéciales à cette loi,
a paru préférable à l'absence de séparation de corps et
plus pratique au point de vue de ceux à qui la loi s'adres-
sait.

49. La loi de 1891 ne pouvait se départir de ses principes. Faut-il, comme quelques-uns, y voir une tendance
de plus en plus marquée à assimiler le divorce à la séparation de corps? à faire de cette dernière le divorce de
ceux que leurs convictions religieuses empêchent de divor-
cer? Nous ne le pensons pas. Du reste, les différences
entre le divorce et la séparation de corps sont assez nombreuses; si l'un rompt complètement l'union conjugale,
l'autre la laisse subsister et ne fait que dispenser les
époux de l'obligation de cohabitation. Le lien n'est pas
brisé, il n'est que relâché. Nous n'avons pas à nous
demander si la situation sociale créée par la séparation
de corps est ou n'est pas nuisible, s'il n'y a pas quelque
chose d'équivoque dans l'état de ces deux individus sépa-
rés de fait l'un de l'autre, et astreints néanmoins à de certaines obligations. Contentons-nous de dire en sa faveur
qu'elle permet des réconciliations plus faciles que le
divorce.

50. Quant aux effets de la séparation de corps, ils
sont au nombre de deux : séparation de biens, et certaines
déchéances pour l'époux contre lequel le jugement a été
rendu, entre autres, celle de l'art. 767. Remarquons tout
de suite que lorsque le divorce fait naître une incapacité

réciproque de succéder, la séparation de corps ne l'établit qu'à l'égard de l'époux coupable ; et tout de suite le caractère de cette disposition légale apparaît : c'est une peine, tandis que l'incapacité résultant du divorce est fondée sur une absence de vocation.

51. Lors de la discussion du projet Delsol, ce système n'a pas été sans soulever de nombreuses oppositions de la part de novateurs timides craignant de modifier sur ce point la législation du Code Civil. La Chambre des Députés en première lecture n'avait voté que la déchéance de l'usufruit, ne voulant pas faire profiter l'Etat de la déchéance du droit de propriété. Mais le Sénat, dans la séance du 18 novembre 1890, rétablit la parité de traitement pour les deux droits, et la Chambre des Députés, en seconde lecture, se rangea à cet avis. Certains députés avaient encore proposé de repousser complètement cette partie du projet, trouvant qu'il ne fallait pas faire produire à la séparation de corps des effets analogues à ceux du divorce ; mais le rapport de M. Sébert établissant que la plupart des Facultés de droit ou des Cours d'appel consultées s'étaient montrées favorables, leur avis prévalut. Comment, en effet, puisque la nouvelle loi devait être le testament présumé du défunt, supposer que celui-ci aurait légué tout ou partie de ses biens à son conjoint coupable, contre qui il aurait demandé et obtenu la séparation ? En vain, a-t-on pu dire que le fait de ne pas avoir ultérieurement réclamé le divorce faisait présumer un généreux pardon. Ce n'a pas été l'avis du législateur.

52. MM. Gerbault et Dubourg (1) émettent l'opinion qu'on aurait dû aller plus loin, et établir la même distinction entre l'époux coupable et l'époux innocent en matière de divorce, que c'eût été revenir aux traditions de l'ancien droit à l'intention première des rédacteurs du Code Civil. Nous nous permettons de ne pas être du même avis ; nous avons suffisamment montré qu'il y a, entre le divorce et la séparation de corps, d'assez grandes différences pour légitimer ces deux traitements par lesquels l'harmonie de notre législation civile ne se trouve en rien rompue. La non-réciprocité des vocations héréditaires en ce cas, qui avait semblé effrayer certains membres de la Commission, n'est pas une innovation. Le Code l'avait déjà établie en matière d'adoption et dans le cas de mariage putatif (2).

53. Le jugement de séparation de corps, pour produire ses effets, doit être passé en force de chose jugée. Ce résultat est obtenu lorsqu'après la signification, le défendeur a laissé passer les délais d'opposition ou d'appel. La loi du 6 février 1893 est venue fixer la jurisprudence en décidant, dans son article 4, que le pourvoi en cassation est suspensif en matière de divorce et de séparation de corps. La question se pose encore de savoir si l'article 249 s'applique à la séparation de corps, ou en d'autres termes, si l'époux défendeur ne peut renoncer

---

(1) Op. cit., p. 72.
(2) En cas de séparation prononcée contre les deux époux, l'incapacité héréditaire devient bien entendu réciproque.

par l'acquiescement à la faculté de faire appel ou de se
pourvoir en cassation (1).

54. Si les époux se réconcilient, malgré les termes
généraux de la loi, leur vocation héréditaire renait, comme
si, après un divorce, ils s'étaient remariés. Cela résulte, à
n'en pas douter, des travaux préparatoires et des avis des
Cours d'appel consignés au rapport Sébert. Mais ce sera
au conjoint qui invoquera la réconciliation de prouver
qu'elle a été définitive et que la vie commune a été re-
prise.

SECTION III.   *Absence d'exhérédation*

55. L'article 767, dans son alinéa 4, stipule : « Mais
l'époux survivant ne pourra exercer son droit que sur des
biens dont le prédécédé n'aura disposé ni par acte entre
vifs ni par acte testamentaire et sans préjudicier aux
droits de réserve ni aux droits de retour. » C'est dire que
s'il a plu au défunt de léguer tous ses biens à des successibles ou à des étrangers et de priver ainsi son conjoint
de son usufruit ou de sa propriété, le survivant sera tenu
de respecter ses dispositions. De même, si des donations
entre vifs le dépouillent entièrement. Le conjoint survivant n'est donc pas un réservataire, et la loi s'est mon-

(1) Voy. Cassation, 28 déc. 1801. Sir. 1892, T. 120. Cet arrêt ré-
sout la question par l'affirmative.

trée ici particulièrement soucieuse d'assurer la liberté des
dispositions testamentaires, puisque, appelant le conjoint
à succéder, elle n'a pas cru pouvoir faire plus pour lui
lorsque la succession est absorbée par les libéralités ou les
droits des réservataires, que de l'autoriser à réclamer une
pension alimentaire, s'il est absolument dans la misère,
aux héritiers de la fortune du *de cujus*. Nous examinerons ultérieurement en particulier, en étudiant les législations étrangères, si cette sévérité est bien justifiée. Les
Facultés de Toulouse et de Poitiers avaient du reste réclamé une réserve fondée sur l'esprit de notre ancien
droit daas lequel le douaire avait en quelque sorte ce caractère, puisque les aliénations opérées par le mari,sans
le consentement de sa femme, sur les biens doués, pouvaient être annulés. Mais cet avis n'a pas prévalu, et l'on
a préféré pousser le principe de la volonté présumée
jusque dans ses plus extrêmes conséquences, en permettant au *de cujus* d'exhéréder son conjoint. Nous n'insistons pas davantage sur cette question sur laquelle nous
aurons à revenir dans le cours de cette étude.

56. L'exhérédation n'est pas réglementée en droit
français comme elle l'était autrefois sous l'empire du
droit romain. Le Code n'en parle nulle part. Comment
suppléer à son silence? Deux sortes d'exhérédation se
conçoivent, l'une tacite, l'autre expresse. La première
est évidemment possible puisque c'est celle visée par la
loi de 1891. Le *de cujus* y parvient en disposant de tous
ses biens par des donations ou des testaments valables

au profit de successibles ou de non successibles. Mais que faut-il penser de l'exhérédation expresse ? Est-elle toujours possible ? Il est certain qu'un individu en déshéritant son conjoint, ne pourrait pas déshériter aussi tous ses héritiers et l'Etat, car ce testament aurait pour effet de mettre ses biens hors du commerce s'il était suivi. C'est l'avis de la doctrine. Peut-il dire simplement : « Je déshérite mon conjoint ? » D'après l'opinion généralement admise, l'exhérédation produit son effet lorsqu'elle est faite vis-à-vis de certaines personnes déterminées, appelées à en profiter. D'où il résulte que l'on ne pourrait pas enlever la succession en pleine propriété accordée au conjoint à défaut de successibles. Car il n'y a plus d'héritiers et le testament n'indique pas de légataire. Il y a bien l'Etat, mais peut-on dire qu'il y ait une disposition implicite à son profit ? L'Etat n'est pas un héritier ; lorsqu'il vient à une succession, c'est en vertu de son droit de souveraineté : il représente la collectivité, et c'est naturellement à lui qu'appartiennent les biens en déshérence (*deest heres*) ; si l'Etat était héritier aucune succession ne serait en déshérence.

57. Mais on pourrait enlever au conjoint son droit d'usufruit. En effet lorsque le·conjoint succède ainsi de par la loi nouvelle c'est qu'il se trouve en présence d'héritiers, descendants, ascendants ou collatéraux, qui profiteraient de l'exhérédation en retrouvant la pleine propriété des biens dont ils n'avaient momentanément que l'usufruit. — M. Bouvier-Beaugillon examine la ques-

tion de savoir si l'on peut par contrat de mariage (1)
exhéréder son conjoint. Evidemment non car ce serait
faire un pacte sur succession future que prohibe formellement l'art. 1130 du Code Civil. De plus, si la loi permet
qu'on déshérite son conjoint, lorsqu'on a eu à s'en plain-
dre, il serait tout à fait inique de donner ce droit aux
parents avant même la célébration du mariage.Donc l'exhérédation ne peut avoir lieu que dans la forme testamentaire et à titre de disposition devant profiter à d'autres
héritiers.

§ 2

Le droit en lui-même.

58. Dans cette seconde partie de notre étude, nous
examinerons le droit en lui-même, c'est-à-dire sa quotité
et les différentes questions que soulève son exercice :
mise en possession, paiement des dettes, droits fiscaux, etc. En effet, nous avons vu comment et au profit
de qui il naît, voyons-le maintenant fonctionner. Et tout
d'abord quelle est sa quotité ?

SECTION PREMIÈRE. — *Quotité du droit successoral.*

59. Au point de vue de la quotité du droit successoral

(1) Revue générale du Droit, 1891. *Des Droits de succession du
Conjoint survivant.*

du conjoint survivant, deux hypothèses peuvent se présenter qui sont visées par la loi de 1891 : 1° ou bien il
n'y a pas de parents au degré successible, ou bien 2° il
se trouve des successibles qui viennent concourir avec le
conjoint. Etudions-les dans cet ordre.

60. 1ᵉʳ *cas*. — La première hypothèse était déjà prévue
par l'article 767 du Code Civil qui était ainsi conçu : « Lorsque le défunt ne laisse ni parents au degré successible, ni
enfants naturels, les biens de sa succession appartiennent
en pleine propriété au conjoint non divorcé qui lui survit. »
La loi de 1891 n'a modifié ce premier cas que sur un
point que nous avons déjà étudié, les conditions de suc-
cessibilité après la séparation de corps. Autrement, le
conjoint demeure encore aujourd'hui le dernier des successibles. Lors de la discussion du projet Delsol la question de savoir s'il ne convenait pas d'assigner au conjoint
un rang meilleur, fut une des plus agitées. Le projet lui-
même portait que si les successibles sont au delà du
sixième degré, le conjoint recevrait la moitié de la suc-
cesion en pleine propriété.

61. De toutes les Cours d'appel consultées à ce sujet,
seule celle d'Alger fut favorable au projet Delsol. Les
autres, et avec elles la majorité des Facultés de droit s'y
montrèrent opposées, prétendant que s'il est vrai que
l'affection du *de cujus* pour ses collatéraux du septième
degré et des degrés suivants, ne peut se comparer à celle
qu'il éprouve pour son conjoint, on ne pouvait cependant
faire abandon du grand principe de la conservation des

biens dans la famille. Tout notre système successoral, suivant en cela les traditions de l'ancien droit, est fondé sur
la consanguinité. Il est vrai que l'union conjugale crée
elle aussi un lien aussi respectable que le lien du sang ;
mais ce lien disparaît par la mort et n'est que personnel,
et l'on ne peut avantager par une succession la famille du
conjoint, au détriment de celle du défunt, co-propriétaire
en quelque sorte, suivant l'idée romaine de son patrimoine, ou en tout cas fondée à espérer en devenir propriétaire. « Toute dévolution héréditaire des biens à titre
légitime et régulier, disait la cour de Dijon, dérive de la
consanguinité. Conséquent avec ce principe, le Code ne
pouvait faire du conjoint qu'un successeur irrégulier et
toute attribution héréditaire en sa faveur aboutirait fata-
lement à ce résultat de faire passer dans sa propre famille,
étrangère à celle du défunt, la portion de biens qui lui
serait dévolue. Ce résultat ne saurait être admis à moins
d'un testament et dans les limites de la quotité disponible
en face d'héritiers réservataires. »

62. On a donc fait triompher le principe de la consanguinité et on a laissé l'époux à son dernier rang dans
l'ordre de la dévolution *ab intestat* de la pleine propriété.
C'est-à-dire que passent avant lui les descendants (1), les
collatéraux privilégiés, les ascendants, les collatéraux ordinaires, les enfants naturels et les parents naturels. Il

---

(1) Y compris les enfants adoptifs et leurs descendants légitimes.

est vrai qu'au premier abord le texte même de l'article 767 semble contredire cette affirmation en ce qui concerne les parents naturels, car il ne parle que des enfants naturels. Mais c'est là une erreur de rédaction maintenue à tort, et il n'est douteux pour personne qu'il faille mettre avant l'époux tous les parents au degré successible. Les père et mère naturels ainsi que, pour certains biens, les frères et sœurs naturels sont des successibles (art. 765 et 766 C. C.). Du reste, la place de l'article 767 venant en dernier lieu dans l'énumération des successibles, empêche toute contestation sérieuse à ce propos.

63. Donc le conjoint ne vient à la succession de la propriété que lorsque le défunt ne laisse aucun parent successible. Que faut-il entendre par le mot « laisse » ? Faut-il tenir compte des parents qui, bien qu'appelés à la succession, ne la recueillent pas parce qu'ils y renoncent ? Faut-il aussi considérer ceux qu'une déclaration d'indignité empêche seule d'hériter. Evidemment non. Le sens de l'article est bien clair : Seuls, les parents qui effectivement recueillent la succession du *de cujus* peuvent influer sur la situation du conjoint. C'est du reste la même question qui se pose pour savoir la quotité des droits d'un enfant naturel ; quotité qui varie suivant la qualité des successibles. Et c'est dans ce sens que la doctrine et la jurisprudence la résolvent. Dans un même ordre d'idées, on doit interpréter le mot *succession* par succession ordinaire. Il est bien clair, par exemple, que si un ascendant, seul héritier du défunt, renonce à la succession ordinaire

pour s'en tenir à son droit de retour légal, bien qu'il vienne à la succession anomale, le conjoint survivant n'en aura pas moins le bénéfice de l'article 767, § 1. En effet, la succession anomale et la succession ordinaire, sont choses bien distinctes, et l'étaient déjà dans la coutume de Paris (art. 313) : il n'y a pas indivision entre l'ascendant donateur et les autres héritiers, car si l'un des héritiers ordinaires renonce, sa part n'accroîtra pas à l'ascendant. Les enfants adultérins ou incestueux ne font pas plus obstacle aux droits du conjoint, car ce ne sont pas des héritiers, mais de simples créanciers d'aliments.

64. Dans un cas cependant, il peut se faire que des successibles n'écartent pas le conjoint survivant. L'art. 767 n'en parle pas, parce que les principes généraux suffisent. C'est lorsqu'il se trouve un ou plusieurs enfants naturels qui n'ont été reconnus que postérieurement au mariage. Il peut se faire qu'un individu se marie sans avouer une union antérieure dont il a eu des enfants, et qu'une fois marié il les reconnaisse. Dans ce cas l'art. 337 décide que cette reconnaissance ne pourra nuire ni au conjoint ni aux enfants nés du mariage. Donc s'il n'y a pas d'autres héritiers que le conjoint et ces enfants naturels, celui-ci recueillera toute la succession en pleine propriété. En résumé nous pouvons dire que pour que le conjoint survivant puisse venir jouir des droits que lui confère le § 1er de l'art. 767, il faut qu'il n'y ait pas de successibles *venant effectivement à la succession ordinaire.*

65. 2ᵉ *Cas.* — Cette deuxième hypothèse constitue une des innovations de la loi de 1891.

Le défunt laisse (1) des parents au degré successible. Le conjoint survivant n'a plus alors qu'un droit d'usufruit dont la quotité est variable suivant la qualité des parents en présence de qui il se trouve. Cette disposition de la loi n'a pas échappé à la critique. Pourquoi, a-t-on dit, faire varier la quotité de l'usufruit de l'époux ? Ses besoins ne sont-ils pas toujours les mêmes, qu'il se trouve en présence d'enfants ou de collatéraux éloignés ? Ce que la loi a en vue, c'est la dignité du mariage subsistant en la personne de l'époux survivant. Donc, pourquoi lui donner en certains cas une quotité qui sera peut-être dérisoire ? — Si tel a été le but de la loi, elle a voulu aussi faire le testament présumé du défunt ; et il n'est guère admissible que ce dernier eût fait à son conjoint le même legs s'il avait des enfants que si ses plus proches héritiers étaient ses collatéraux du 12ᵉ degré. Aussi la loi a-t-elle sagement fait de graduer cet usufruit suivant les successibles qui se trouvent en présence de l'époux (2).

66. Elle prévoit trois hypothèses : 1° le défunt laisse des enfants issus du mariage ; 2° le défunt a des enfants nés d'un précédent mariage ; 3° il ne laisse que des héritiers autres que des descendants.

---

(1) Pour le sens du mot « laisse » mêmes explications que précédemment.

(2) Cf. pour la discussion. Dalloz. *Suppl. au Répertoire.* T. 17, § 270 et renvois indiqués.

67. *Première hypothèse :* Dans le cas où le défunt laisse des descendants issus du mariage, le conjoint n'aura droit qu'à un usufruit, portant sur le quart de la succession, et cela quel que soit le nombre des enfants. On a souvent reproché au législateur de 1891, de ne pas avoir donné à l'époux un droit plus élevé lorsqu'il n'y avait qu'un ou deux enfants communs, de ne pas avoir mis ainsi le nouvel article en harmonie complète avec l'art. 913. Mais on a craint de donner ainsi une prime aux mariages peu féconds et ce n'est certes pas aujourd'hui où l'on constate les inquiétants progrès de la dépopulation en France, qu'il conviendrait de modifier cette disposition.

68. Quel est ici le sens des mots, « enfants issus du mariage ? » Il s'applique aux enfants légitimes et aux enfants légitimés par mariage subséquent, lesquels, en vertu de l'art. 333 du Code Civil ont les mêmes droits que s'ils étaient nés du mariage. Il n'y a pas à tirer argument en sens contraire des mots « issus du mariage » car ils sont simplement en opposition avec les mots « nés d'un précédent mariage ». Il s'applique aussi aux petits-enfants, d'abord lorsqu'ils viennent par représentation, puisque l'art. 739 les fait entrer dans les droits du représenté, puis aussi lorsqu'ils viennent de leur propre chef. C'est ce qui résulte des travaux préparatoires où l'on voit que le législateur s'est inspiré des art. 914 et 1094 du Code Civil où les enfants et petits-enfants sont assimilés. Au surplus, si cette solution n'était pas admise, on serait conduit à ranger les

petits-enfants parmi les héritiers ordinaires, en présence
desquels le conjoint a l'usufruit de la moitié de la succession, et c'est évidemment contraire à l'esprit de la loi.

69. Mais la formule de l'art. 767 exclue certainement
les enfants naturels. Dans ce cas, l'époux survivant aurait
évidemment droit à l'usufruit de la moitié, sauf bien
entendu, suivant les principes établis plus haut, si l'enfant naturel a été reconnu postérieurement au mariage :
alors le conjoint aurait droit au tout en propriété s'il n'y
a pas d'autres héritiers. (Art. 337, Code Civil).

70. La formule exclue aussi l'enfant adoptif. Mais
pour ce dernier, il y a quelques difficultés qui tiennent à
ce que l'art. 350 du Code Civil donne à l'adopté, dans la
succession de l'adoptant, les mêmes droits qu'à un enfant
né du mariage. D'où l'on a dit : puisque l'adoption constitue un lien égal à celui du sang, de deux choses l'une :
ou l'adoption a eu lieu avant le mariage et alors il faut
assimiler l'adopté à un enfant né d'un précédent mariage,
et le conjoint n'aura droit qu'à une part d'enfant le
moins prenant ; ou bien l'adoption a lieu pendant le
mariage, et alors il faut l'assimiler à un enfant né du
mariage et le conjoint aura droit à un quart en usufruit.
C'est cette dernière hypothèse que nous examinons en ce
moment. Mais la question est la même pour la première,
et les solutions logiquement doivent être identiques.

71. On a essayé de résoudre la question par les termes
de la loi qui ne visent que trois cas, soit des enfants nés
du mariage, soit des enfants nés d'un précédent mariage,

soit tous les autres héritiers. Or, les enfants adoptifs, soit
postérieurs à la célébration du mariage soit antérieurs ne
sont pas des enfants nés de ce mariage ni d'un précédent
mariage du *de cujus*. Donc ils font partie de la 3°catégorie
visée par notre article et le conjoint doit avoir l'usufruit
de la moitié comme en présence d'ascendants ou de collatéraux. — C'est là résoudre la question par la question,
car l'art. 350 subsiste, et alors faudra-t-il appliquer en
leur présence soit la première soit la seconde quotité,
suivant qu'ils ont été adoptés avant ou pendant le mariage? La question reste donc entière et tout se réduit à
savoir si l'art. 350 assimile complètement les enfants
adoptifs aux enfants du mariage. Or, il est certain que
sur plusieurs points il n'en est pas ainsi. Il est certain
que l'adoption n'entraîne pas révocation des donations
antérieures par exemple (art. 960, Code Civil), que
l'adoption ne fait pas obstacle au droit de retour légal
des ascendants dont parle l'art. 747. De même les art. 351
et 352 établissent au profit de l'adoptant un droit de
retour tout à fait spécial sur les biens de l'adopté décédé
sans postérité légitime. De même encore, l'adopté n'a pas
le droit d'invoquer la réduction des donations faites au
conjoint, excédant le disponible spécial de l'art. 1098.
C'est du moins l'opinion généralement admise par la
doctrine qui ne confère ce droit qu'aux enfants légitimes
issus d'un précédent mariage (1).

(1) Cf. Aubry et Rau, VII, p. 140, note 21.

Il y a donc de nombreuses hypothèses en droit civil, où les enfants adoptifs, malgré l'assimilation apparente de l'art. 350, ne sont pas mis sur le même pied que les enfants issus du mariage. Nous croyons que l'art. 767 en présente une nouvelle, très semblable, du reste, à celle de l'art. 1098. Le même enfant adoptif qui ne peut faire réduire les donations faites au conjoint de son adoptant, ne peut, non plus, réduire l'usufruit de ce même conjoint de la moitié au quart, et c'est très rationnel.

72. En résumé, la quotité du § 1er n'est attribuée que si le conjoint survivant se trouve en présence d'enfants légitimes du mariage ou légitimés bien entendu par ce mariage. S'il se trouve en présence d'enfants naturels reconnus avant le mariage, d'enfants adoptifs, ce sont des héritiers de la 3e hypothèse et il recueille la moitié. Et si les enfants naturels n'ont été reconnus que pendant le mariage, il recueille le tout en pleine propriété (argument, art. 337). Dans le cas où le conjoint se trouve à la fois en présence d'enfants issus du mariage et d'enfants naturels ou adoptifs, sa quotité d'usufruit ne saurait varier ; ce sera toujours le quart en usufruit ; tout le bénéfice en sera pour l'enfant naturel ou adoptif qui profitera de la réduction opérée par les enfants du mariage.

73. *Deuxième hypothèse :* Si le défunt a des enfants nés d'un précédent mariage, l'usufruit du conjoint sera d'une part d'enfant légitime le moins prenant, sans qu'elle puisse excéder le quart. Par « enfants nés d'un précédent

mariage » la loi comprend ici les enfants légitimes et les légitimés, tandis qu'elle exclut les enfants naturels, et, pour les mêmes raisons que plus haut, les enfants adoptifs. Le texte dit que la part du conjoint sera une part d'enfant le moins prenant ; c'est-à-dire que si le défunt a avantagé un de ses enfants aux dépens des autres, l'époux ne saurait avoir plus que l'enfant qui recueille le moins, et au maximum le quart. C'est en ce sens qu'était conçu le projet de M. Delsol lui-même, qui avait tenu à mettre ici la nouvelle loi en complète harmonie avec l'article 1098, et à accorder ainsi entre elles, la succession testamentaire et la succession ab intestat.

74. Comment s'opérera le calcul ? il n'y a aucune espèce de difficulté dans l'hypothèse simple. Supposons par exemple qu'il se trouve quatre enfants légitimes issus du précédent mariage et aucun du mariage actuel qui vient d'être rompu par la mort du *de cujus*. On compte l'époux comme un enfant légitime et son usufruit est d'un cinquième. S'il n'y a qu'un ou deux enfants son usufruit sera du quart et non dè la moitié ou du tiers. Il n'y a pas de difficulté non plus, à notre avis, si en même temps que des enfants issus d'un précédent mariage il y a des enfants du mariage. On applique la même règle, on additionne tous les enfants et on compte le conjoint pour un. Ainsi, soit un individu qui meurt et qui laisse comme héritiers deux enfants d'un premier lit, trois de son dernier mariage avec son conjoint, ce dernier aura en usufruit le 1/6 de la succession. On pourrait songer à

faire deux répartitions suivant les règles différentes de la première et de la deuxième hypothèse de l'article 767. Mais outre qu'il conduirait à des complications arithmétiques infinies, ce mode de procéder aurait encore l'inconvénient plus grave d'être en opposition avec le texte de la loi qui est formel dans le sens du calcul que nous avons indiqué. En somme les choses sont très simples ; dès qu'il y a des enfants issus d'un mariage antérieur, le conjoint n'a plus que l'usufruit d'une part d'enfant.

75. Mais voici une hypothèse plus délicate ; l'époux décédé laisse des enfants d'un précédent mariage et un enfant naturel. Dans la première hypothèse que nous avons examinée (enfants issus du mariage et enfant naturel), nous avons dit qu'on ne s'occupe pas de l'enfant naturel : l'usufruit du conjoint est toujours d'un quart. Et il en serait de même s'il n'y a qu'un ou deux enfants légitimes nés d'un précédent mariage, puisque, même en ce cas, le conjoint ne peut prétendre qu'au quart. Peu importe alors l'existence d'un enfant naturel.

Mais supposons qu'il y en ait plus de deux, trois légitimes et un naturel par exemple (et nous ne parlons pas en ce moment, pour éviter toute difficulté, d'enfant naturel reconnu pendant le mariage). Si l'on applique le principe que nous venons d'indiquer, c'est-à-dire ne pas tenir compte de l'enfant naturel, et que nous avons appliqué à l'hypothèse du concours d'un enfant naturel avec les enfants issus du mariage, on se trouve en contradiction avec les termes de la loi : le conjoint aura plus qu'une part d'enfant légitime. Ainsi soit trois enfants légitimes d'un précédent mariage, plus le conjoint survivant : l'usufruit sera d'un quart (nous faisons abstraction de l'enfant naturel). Supposons une succession de 24.000 francs (1). Le conjoint aura droit à 6.000 francs en usufruit. Mais l'enfant naturel, dont la part depuis la loi du 25 mars 1896, est de la moitié de la part d'un légitime, aura droit à 3.000 francs en propriété. Reste donc 21.000 francs à partager entre les trois légitimes, c'est-à-dire 7.000 francs pour chacun. Or, l'usufruit du conjoint devra être supporté dans la proportion de 3 à 21, c'est-à-dire de 1 à 7 par l'enfant naturel. Soit 1/8 pour l'enfant naturel $= 750$ francs et 7/8 pour les légitimes $= \frac{5.250}{3} = 1.750$ francs pour chaque légitime. Donc en pleine propriété, un enfant légitime n'aura que 6.000 francs moins 1.750 fr. $= 4.250$ fr. Il aura en plus 1.750 francs en nue propriété. Le conjoint aurait donc, d'après ce mode de calcul, une part supérieure à celle d'un enfant légitime, et l'on se trouverait en contradiction avec la loi.

76. C'est qu'en effet la part d'enfant légitime varie à cause de la présence de l'enfant naturel, et par conséquent on doit en tenir compte. On n'en tenait pas compte quand la part de l'époux était fixée au quart de la succession, ou était inférieure à la part d'enfant légitime.

(1) C'est l'exemple classique.

Mais ici, évidemment, cela influe ; d'où le système suivant proposé par M. Lamache (1).

Il faut faire deux calculs : l'un pour l'usufruit, l'autre pour la nue propriété. Pour cette dernière, on applique l'art. 758 modifié par la loi de 1896, sans tenir compte de l'époux (si le père ou la mère a laissé des descendants légitimes, le droit de l'enfant naturel est de la moitié de sa part héréditaire s'il eût été légitime). Mais pour l'usufruit on considère l'époux comme un enfant légitime, on le met en présence de l'enfant naturel et on fixe ainsi sa part. On a donc trois légitimes plus l'époux et un enfant naturel. Donc on divise la succession en cinq, soit 4.800 francs. L'enfant naturel a la moitié, soit 2.400 francs. Reste 21.500 francs à diviser en quatre, donc l'usufruit portera sur le quart, soit sur 5.400 francs tandis que la part de chaque enfant légitime sera de $\frac{21.500}{3} = 7.166$ fr.66.

77. La question se complique encore quand, dans notre hypothèse, l'enfant naturel, en concours avec le conjoint et les enfants d'un précédent mariage, a été reconnu pendant le mariage. On se trouve ici encore en présence de l'art. 337. Dans cet article, la reconnaissance est opposable aux enfants d'un précédent mariage et elle est inopposable à l'époux. Il faudra donc, dans le calcul du conjoint ne pas tenir compte de l'enfant naturel, l'usufruit sera de 6.000 francs et, en réalité, les enfants légi-

_____

(1) *Revue du Notariat*, 1894, « Questions nouvelles, p. 841 et sq. »

times, restreints dans leurs droits par l'enfant dont la reconnaissance leur est opposable, ne toucheront pas 6.000 francs. On revient ainsi au premier calcul indiqué. Il y aura là une inégalité entre les parts des enfants et celle du conjoint, mais c'est la conséquence directe de l'art. 337 du Code Civil.

78. *Troisième cas.* — Si le défunt ne laisse que des héritiers autres que des enfants, l'usufruit du coujoint survivant est de la moitié de la succession. Ces héritiers sont : les ascendants, les collatéraux, les enfants adoptifs, les enfants naturels reconnus avant le mariage, les parents ou frères et sœurs naturels (art. 765 et 766, Code Civil) si le défunt était un enfant naturel. C'est la propriété de la moitié que proposait M. Delsol pour le cas où le défunt ne laissait que des collatéraux du septième degré ou au delà. On a vu que son projet ne fut pas adopté.

79. Il peut se faire, depuis la loi de 1891, que le défunt laisse parmi ses successibles son époux, et qu'alors celui-ci vienne à la succession avec son double titre d'héritier du sang et de conjoint. Bien que ce cas ne soit pas prévu par la loi, il ne souffre cependant pas de difficulté. Le conjoint prendra alors la moitié en usufruit que lui confère l'art. 767, et pour l'autre partie de la succession composée de l'autre moitié en pleine propriété et d'une moitié en nue propriété, il partagera suivant les règles ordinaires avec ses co-héritiers. Il sera pour partie héritier, et pour partie successeur irrégulier. Ce qui lui conférera la saisine sur certains biens, alors qu'il devra

demander l'envoi en possession pour son usufruit. — Supposons que le défunt, outre son conjoint, laisse dans une ligne un ascendant et dans l'autre des neveux et nièces, il y a alors lieu à l'application des art. 753 et 754 du Code Civil d'après lesquels l'ascendant recueille en pleine propriété la moitié afférente à sa ligne et, de plus, le tiers en usufruit de la moitié qui passe aux collatéraux ordinaires. On s'est demandé comment on combinerait ces deux articles avec l'usufruit du conjoint. Mais la quotité de ce dernier demeure certaine en ce point : ce sera la moitié. Nous ne nous occupons en ce moment que de la quotité. Nous examinerons, en étudiant la situation juridique du conjoint survivant au point de vue de l'actif, qui doit supporter l'usufruit et comment les trois articles se combinent.

SECTION II. — *Exercice du droit.*

80. Nous avons dit plus haut que l'objet de cette étude était uniquement les *droits successoraux* du conjoint, et nous n'avons retenu de la loi de 1891 que ce qui est à proprement parler droit de succession. Mais à quel titre le conjoint vient-il à la succession ? Est-il héritier ? N'est-il qu'un successeur particulier ? Est-il investi de la saisine ? Est-il réservataire ? Ce sont toutes ces questions que nous avons à examiner maintenant.

81. Il y a un point certain, c'est que ce n'est pas un

héritier légitime (ni bien entendu un héritier naturel).
Cela résulte du texte des art. 723 et 724 qui ne laissent
planer aucun doute :

« Art. 723. La loi règle l'ordre de succéder entre les
héritiers légitimes et les héritiers naturels. A leur défaut,
les biens passent à l'époux survivant et s'il n'y en a pas,
à l'Etat. »

« Art. 724. Les héritiers légitimes et les héritiers naturels, sont saisis de plein droit des biens, droits et actions
du défunt sous l'obligation d'acquitter toutes les charges
de la succession. L'époux survivant et l'Etat doivent se
faire envoyer en possession. »

82. La place de l'art. 767 dans le chapitre des successions irrégulières, nous confirme que c'est un successeur
irrégulier. Les travaux préparatoires sont aussi en ce
sens : « Qu'il soit appelé, disait M. Delsol, à la séance du
Sénat du 14 novembre 1890, à la propriété de tous les
biens ou à l'usufruit d'une part, le conjoint est toujours
considéré par la loi comme un successeur irrégulier.
L'usufruit accordé au conjoint a le même caractère que
la succession irrégulière à laquelle ce conjoint peut être
appelé, si le défunt n'a laissé ni héritier au degré successible, ni enfant naturel. »

83. Mais bien mieux, lorsqu'il vient à la succession
en usufruit, nous croyons qu'il est un successeur à
titre particulier, l'opinion générale des auteurs est, en
effet, que le légataire d'une quote-part d'un usufruit est

un légataire particulier. (La Cour de Cassation se prononce en sens contraire.) Et alors peu importe que le conjoint tienne son droit de la loi ; le droit ne peut pas changer de nature suivant qu'il vient du testament du défunt ou de son testament présumé. Pas plus dans ce cas que dans l'autre, il ne succède au défunt *in universum jus*, il ne recueille pas le patrimoine ni une quote-part de ce patrimoine : on ne rentre pas dans les définitions que donnent les art. 1003 et 1010 du legs universel et du legs à titre universel. Qu'importe alors, dit M. Baudry-Lacantinerie (1), que l'art. 610 appelle légataire à titre universel celui auquel a été légué l'usufruit d'une quote-part des biens ? Tout le monde reconnaît qu'il n'y a pas lieu de considérer le légataire de l'usufruit de tous les biens comme un légataire universel. Il ne faut donc pas se préoccuper d'une inexactitude de langage de la part du législateur qui ne cherchait pas du tout dans ces articles à déterminer la nature du legs d'usufruit. Sans doute, l'art. 942 du Code de Procédure civile, semble assimiler le conjoint survivant au légataire universel d'usufruit, puisqu'il leur donne à tous deux le droit d'assister à l'inventaire. Mais il y avait à cela une nécessité pratique pour le conjoint : il fallait bien lui donner le moyen de se rendre compte de ce qui doit lui revenir. Au reste, comment un usufruit, droit temporaire, droit réel sur la chose d'autrui, pourrait-il faire l'objet d'une transmission *in universum*

____

(1) *Précis de Droit civil*, II, p. 597.

jus? Donc nous croyons, contrairement à la jurisprudence de la Cour de Cassation récemment affirmée par un arrêt en date du 19 juin 1895 (Sir. 95, 1. 336), qu'on doit assimiler le conjoint survivant qui exerce son nouveau droit successoral, au légataire d'une quote-part d'usufruit. Ce sont tous deux des successeurs à titre particulier.

84. Quoi qu'il en soit, soit à titre de suscesseur aux biens, soit à titre de successeur à titre particulier, le conjoint survivant n'a pas la saisine ; et cela, contrairement aux traditions de notre ancien droit coutumier (1). Comment serait-il saisi en effet ? la saisine est un droit attaché à la continuation de la personne du défunt, et comme le faisait remarquer M. Piou à la séance de la Chambre des Députés, du 20 mars 1877, le conjoint qui n'a qu'un droit spécial et viager ne peut avoir la saisine. De plus, si comme certains auteurs le soutiennent, la saisine avait forcément pour résultat de faire payer les dettes *ultra vires hereditatis*, il vaut mieux pour lui ne pas être investi de ce droit, réservé aux seuls héritiers. Même lorsque, à défaut de parents, il succède à la totalité du patrimoine, il en est ainsi. Nous verrons, en étudiant les lois spéciales, qu'on avait proposé d'accorder la saisine au conjoint d'un déporté qui succédait à la concession ; mais cette proposition fut repoussée, autant dans l'intérêt du conjoint, que pour ne pas faire une aussi grave dérogation aux principes du Code Civil.

(1) Voy. plus haut ce qui a été dit du Douaire.

85. Le conjoint n'est pas réservataire. On ne s'explique pas très bien à première vue pourquoi, la loi étant faite dans l'intérêt du conjoint, on n'a pas été jusqu'au bout dans la ligne que l'on s'était tracée. Et pourquoi, lui accordant des droits de succession, on ne lui donne pas une réserve ? Nul successeur n'est cependant plus intéressant et ne mérite davantage d'être préservé contre les effets des libéralités déraisonnables du défunt. M. Delsol disait, au Sénat (1), qu'on ne peut accorder au conjoint la réserve, puisqu'il n'est pas un héritier légitime. Si, en 1877, on pouvait soutenir que la réserve était un privilège attaché à l'hérédité légitime, il n'en est plus de même aujourd'hui que la loi du 25 mars 1896 a accordé une réserve aux enfants naturels. La vérité est qu'on a pensé que le conjoint peut avoir par lui-même une fortune suffisante, qui lui permette de se passer de la quotité que lui accorde la loi, et qu'en ce cas, il vaut mieux laisser la succession suivre le cours de la consanguinité. Le *de cujus* peut aussi avoir eu de justes motifs d'en vouloir à son conjoint, dont la conduite ou l'attachement n'ont peut-être pas été ce qu'ils auraient dû être, et comme c'est le testament présumé du défunt que la loi a voulu faire, elle a cru devoir respecter son exhérédation. Peut-être pourrait-on dire aussi, en faveur de ce système, qu'en accordant au conjoint une réserve, on risque d'introduire la spéculation dans le mariage. Mais n'y est-elle pas déjà dans bien des cas ?

(1) *Journal Off.*, 4 mars 1877, p. 1668.

86. Nous connaissons maintenant la nature du droit successoral du conjoint. C'est en partant de ces idées, que nous allons examiner successivement la mise en possession du droit, c'est-à-dire de quelle façon le conjoint est investi de son droit, et les effets de ce droit.

A. *Mise en possession.*

87. Le conjoint acquiert son droit successoral dès l'ouverture de la succession, c'est-à-dire au jour du décès. Mais il doit prendre parti sur la succession et d'autre part, comme il n'est pas saisi, il doit accomplir certaines formalités. On pourrait traiter successivement ces différentes questions, au point de vue du droit de propriété et au point de vue du droit d'usufruit. Mais comme cela exposerait à des redites, nous préférons étudier de front ces deux droits.

88. Trois partis s'offrent en général, à celui à qui une succession est dévolue, il peut renoncer, accepter purement et simplement, ou accepter sous bénéfice d'inventaire. Les règles établies par le Code pour ces différents partis et les conséquences qu'ils impliquent sont trop connues, pour que nous insistions sur les idées générales que l'on trouve dans tous les précis de droit civil. Le conjoint peut naturellement prendre celui de ces partis qui lui semble être le plus avantageux.

89. *Renonciation.* — S'il renonce, la question se pose de savoir si l'article 784 reçoit ici une application. C'est

celui qui exige pour que la renonciation soit valable qu'elle soit faite au greffe du Tribunal de 1re Instance. On admet généralement la négative, un arrêt du Tribunal de Muret (Sir. 1860, 1. 567) le décidait en effet pour la renonciation à un legs particulier : « Attendu que l'article 784 ne concerne que les héritiers, c'est-à-dire ceux qui sont l'image du défunt, qui le représentent tant activement que passivement... » L'administration de l'Enregistrement, qui ne réclame pas de droit de mutation pour une renonciation faite par acte notarié lorsqu'elle est sincère, autorise le conjoint à ne pas se rendre au greffe. Nouvel argument en faveur de l'opinion que nous soutenions plus haut que le conjoint qui succède en usufruit est un successeur à titre particulier. La renonciation pourra donc être faite, dans le cas qui nous occupe, par un acte notarié. Le conjoint peut même user de sa faculté de renoncer, en s'abstenant tout simplement pendant 30 ans (617, Code Civil). Quels sont les effets de la renonciation? S'agit il du droit de propriété, comme il n'y a pas d'autres successibles, l'Etat qui, suivant le dicton, est cousin de tout le monde, est appelé à la succession et les agents de la Régie de l'Administration et des Domaines exercent ses droits. S'agit-il au contraire du droit d'usufruit? Il y a alors lieu d'appliquer l'art. 786, et l'usufruit du conjoint accroîtra aux nus propriétaires des biens sur lesquels il portait.

90. *Acceptation sous bénéfice d'inventaire*. — Le conjoint peut accepter la succession sous bénéfice d'inven-

taire. Y a-t-il un intérêt? Le conjoint en tant que successeur irrégulier ne peut jamais être tenu de payer les
dettes *ultra vires hereditatis;* mais le bénéfice d'inventaire procure en outre l'avantage d'empêcher la confusion
des patrimoines. Nous croyons qu'afin d'éviter d'être pour-
suivi sur ses biens pour les dettes de la succession, *intra
vires* bien entendu, il fera bien, suivant les circonstances,
de ne pas renoncer à se prévaloir de ce bénéfice.

91. *Acceptation.* — Enfin, le conjoint peut accepter :
pour cela il demande aux héritiers la délivrance et la mise
en possession. Nous y reviendrons plus loin. Dans la pratique, le conjoint peut faire un acte d'héritier, c'est-à-dire
aliéner par exemple son droit de succession. Il est réputé
en ce cas par l'art. 778 accepter tacitement et renoncer
au bénéfice d'inventaire.

92 Mais auparavant, le cas suivant peut se présenter : le conjoint survivant peut être à la fois un légataire du défunt et venir à la succession ab intestat. C'est
ce qu'a prévu la nouvelle loi lorsqu'elle stipule qu'il cessera d'exercer son droit lorsqu'il aura reçu du défunt des
libéralités dont le montant atteindrait celui des droits que
la loi lui accorde. (Voyez infra, calcul de l'actif). Mais
cette disposition laisse-t-elle entier le droit d'option du
conjoint? Il semble à priori que rien ne puisse l'empêcher
de renoncer à son legs pour venir à la succession ou vice
versa s'il y trouve un intérêt, et si le legs, n'étant pas
supérieur à la quotité disponible, il dépasse de beaucoup
le montant des droits héréditaires. Il peut avoir aussi

intérêt à opter pour son legs qui lui confère la saisine, et
qui ne l'astreint pas aux longues formalités de la demande
de mise en possession.

On a soutenu que dans le cas où le legs était fait sous
une condition résolutoire, il fallait faire une distinction
suivant la nature de la condition (1). Si la condition consiste dans un événement futur indépendant de la volonté
du donataire, comme une survenance d'enfant, la déchéance du legs n'impliquera pas la déchéance de la vocation héréditaire, et le conjoint, en ce cas, peut opter pour
le parti qui lui convient le mieux. Si, au contraire, la
condition consiste dans un événement que le donataire
peut à sa volonté susciter ou empêcher, comme un
nouveau mariage, en ce cas il y aurait une sorte d'exhé·
rédation du défunt qui ne voudrait pas plus que son
conjoint recueille le legs, dont la condition accomplie
implique résolution, que la succession *ab intestat.* Dans
ce cas alors le droit d'option lui serait refusé.

93. C'est là, à notre avis, une distinction fort subtile
qui paraît-il a déjà trouvé une application dans la jurisprudence (Tribunal des Andelys, 25 juillet 1893), mais
qui a le grave inconvénient de créer une déchéance, que
la loi n'a pas prévue. Tant que le défunt n'a pas exhérédé
formellement son conjoint, ou qu'il n'a pas disposé de
tous ses biens au profit de successibles, le droit de l'époux
survivant demeure entier tel que l'a fixé l'art. 767; et ce

(1) Lamache. *Revue du Notariat,* 1894, p. 131.

n'est pas la résolution d'une libéralité quelconque qui
peut le mettre en brèche. Nous croyons donc que jusqu'à
l'arrivée de la condition, le conjoint pourra opter suivant
son intérêt, soit pour son legs soit pour sa part héréditaire.

94. L'époux qui a détourné frauduleusement ou recélé
des objets héréditaires, est déchu de la faculté de renoncer ou d'accepter bénéficiairement sans pouvoir prétendre
à aucune part sur les objets divertis ou recélés. C'est le
droit commun de l'art. 792, qu'un arrêt de la Cour de
Riom, du 26 novembre 1894 (1), a appliqué à la veuve, bien
que le texte parle des « héritiers qui auraient diverti ou
recélé... »

Le mot héritier est pris ici dans le sens de successeur.
Pour la même raison, l'article 801 recevra son application pour le conjoint; il stipule : « l'héritier qui s'est
rendu coupable de receler ou qui a omis, sciemment ou
de mauvaise foi, de comprendre dans l'inventaire
des effets de la succession est déchu du bénéfice d'inventaire. »

95. Voyons maintenant quelles sont les formalités à
remplir, lorsque le conjoint accepte la succession, pour être
mis en possession de ses droits. Examinons d'abord le
cas où le conjoint, étant appelé en vertu de l'ancien article 767, ne se trouve en présence d'aucun successible,
et voyons ce que décident les articles 769, 770, 771, 772
du Code Civil.

(1) *Revue du Notariat*, 1895, p. 211.

96. Les formalités qu'ils édictent ont surtout en vue
de permettre aux héritiers qui n'auraient pas été prévenus
de la mort du *de cujus*, de se faire connaître, de faire
valoir leurs droits, et d'empêcher le conjoint de recueillir
la succession. « Le conjoint survivant et l'administration
des Domaines (1) qui prétendent droit à la succession sont
tenus de faire apposer les scellés et de faire faire inventaire dans les formes prescrites, pour l'acceptation des
successions sous bénéfice d'inventaire » (Art. 769, Code Civil). Ces formalités sont destinées à garantir la restitution
de l'hérédité, s'il se présente des héritiers ou ayants droit
dans les trente ans, et à empêcher tous détournements
d'objets appartenant à la succession ; à permettre au conjoint, par un compte fidèle et exact, de l'actif et du passif, de savoir s'il a intérêt à demander l'envoi en possession. Les créanciers, de leur côté, connaîtront quelle est
la valeur de leur gage. Quant aux conditions dans lesquelles cet inventaire doit être fait, elles sont indiquées par
les articles 793 et suivants. — Aux termes de l'article 770,
le conjoint doit « demander l'envoi en possession au tribunal de première instance, dans le ressort duquel la succession est ouverte. Le Tribunal ne peut statuer sur la
demande qu'après trois publications ou affiches dans les
formes usitées et après avoir entendu le Procureur de la
République. » Conséquence directe de ce que la saisine
lui est refusée. La demande d'envoi en possession se forme

(1) Ces articles s'appliquent au conjoint et à l'Etat.

par une simple requête sans qu'on ait besoin d'y faire
nommer, pour y contredire, un curateur à succession va-
cante (1). Pour ce qui est des publications et affiches, une
circulaire ministérielle du 8 juillet 1806, décide que les
trois affiches qui doivent précéder le jugement d'envoi en
possession, seront apposées de trois mois en trois mois
dans le ressort du Tribunal de l'ouverture de la succession, et le jugement d'envoi en possession ne sera pro-
noncé qu'un an après la demande. Mais rien n'oblige les
Tribunaux à suivre pour le conjoint cette circulaire spé-
cialement écrite pour l'État, et dans la pratique, ils fixent,
comme ils l'entendent, les mesures de publicité. M. Baudry-Lacantinerie soutient que le conjoint n'est pas tenu
de faire la preuve qu'il est seul successible (2), mais dans
la pratique, le Tribunal se réserve le droit de demander
au conjoint un acte de notoriété prouvant la non-existence
d'héritiers connus.

97. « L'époux survivant est encore tenu de faire emploi
du mobilier ou de donner caution suffisante pour en assurer la restitution au cas où il se présenterait des héritiers
du défunt dans l'intervalle de trois ans. Après ce délai la
caution est déchargée » (art. 771). La loi a toujours en vue
ici, l'intérêt de ceux qui peuvent faire valoir plus tard
des droits à la succession (l'art. ne parle que des héritiers mais il vise aussi les légataires, la question n'est pas

(1) Voy. Aubry et Rau, VI, p. 700.
(2) *Précis de Droit civil*, II, p. 86.

douteuse). Et comme le mobilier est sujet à se déprécier, il doit être vendu aux enchères et le prix doit être placé avec l'argent liquide qui se trouve dans la succession. A défaut de ces mesures, le conjoint doit fournir une caution capable et solvable qui, pendant trois ans, à partir de sa soumission, devra garantir les restitutions éventuelles.

98. Lorsque l'époux se trouve en présence de successibles et qu'il ne recueille sur l'hérédité qu'un simple droit d'usufruit variable avec la qualité des personnes qui concourent avec lui, au lieu de demander au Tribunal la mise en possession, il doit demander aux héritiers la délivrance de son droit. En l'absence de textes, il n'y a aucune raison pour ne pas appliquer aussi en ce cas les mesures de garantie dont nous venons de parler. Seulement, les frais de scellé et d'inventaire seront à la charge de tous les successeurs. Mais il sera toujours tenu de faire un inventaire et de fournir une caution qui ne se confondra pas avec celle qu'il doit en vertu de sa qualité d'usufruitier (art. 601). Du reste on admet que le défunt peut le dispenser de cette caution, tandis qu'il ne peut pas le dispenser de celle de l'art. 771.

99. L'époux qui a accompli ces différentes formalités obtient la possession légale de ses droits, ce qui lui confère le droit aux fruits dès le jour de l'ouverture de la succession. S'il meurt avant de les avoir accomplies, son action en délivrance passe à ses héritiers qui exerceront ainsi ses droits en son lieu et place. Celui qui au contraire ne les accomplit pas, perd au bout de 30 ans la faculté

de réclamer sa part héréditaire. S'il était seul successible c'est l'Etat qui recueillera la succession en vertu de son droit de souveraineté ; s'il n'avait qu'un usufruit, sa part accroîtra aux héritiers. Nous l'avons vu en parlant de la renonciation.

100. Le veuf ou la veuve qui, en présence de parents, succède en usufruit à une quote-part du patrimoine, se trouve-t-il dans l'indivision avec les autres héritiers, et peut-il, en ce cas, demander la licitation ? Un jugement du Tribunal de la Seine du 1ᵉʳ décembre 1893 (Dalloz, *Jurisp. gén.*, 2° part., p. 105) semble se prononcer pour l'affirmative. Dans le cas qui lui était soumis. les immeubles de la succession se trouvaient déjà, lors du vivant du *de cujus*, dans l'indivision avec un tiers ; il y avait donc là en quelque sorte une double indivision qui rendait la licitation nécessaire. Mais l'usufruitier et le nu propriétaire ne se trouvent pas dans l'indivision, ils exercent tous deux des droits différents. Or, comme le constate M. Planiol (voyez la note sous le jugement), le conjoint peut se trouver dans l'indivision pour la jouissance avec les co-héritiers relativement à sa quote-part d'usufruit. Mais cela ne veut pas dire qu'il y ait lieu à licitation, à la vente de propriété ; du reste, dans la pratique, si les héritiers y consentent, il n'y aura aucune difficulté ; si au contraire ils ne tiennent pas à la licitation, la conversion en rente viagère s'offre à eux comme un excellent moyen de se débarrasser du conjoint gênant.

101. Nous avons ainsi terminé l'étude des formalités à accomplir pour la mise en posssession du droit; il nous reste à voir, une fois le conjoint survivant en possession, quels sont les effets du droit ainsi acquis à son égard.

B. *Situation juridique du conjoint survivant.*

102. Supposons maintenant le conjoint ayant accepté la succession et mis régulièrement en possession.

Nous avons à examiner quels sont les effets du droit successoral du conjoint au point de vue actif d'abord, et ensuite au point de vue passif, c'est-à-dire comment on détermine la masse des biens sur laquelle se calcule l'usufruit, et dans une seconde partie comment le conjoint supporte les dettes de la succession et dans quelle mesure il paye les droits fiscaux.

a) Le droit au point de vue actif.

103. Lorsque le conjoint survivant vient à la succession en vertu de l'ancien art. 767, c'est-à-dire à défaut de parents des douze premiers degrés, il n'y a aucune espèce de difficultés. La succession tout entière lui est dévolue: il n'y a donc pas à se demander comment on calcule la masse héréditaire. Les règles ordinaires s'appliquent. — Mais lorsque, se trouvant en présence d'héritiers du défunt, le conjoint ne vient à la succession qu'en

vertu de son droit d'usufruit dont nous connaissons la quotité, comment arrivera-t-on à réaliser ce droit ? Sur quel bien va-t-il porter ? Autrement dit, comment déterminer la masse partageable ? Evidemment la masse sera composée de tous les biens existant dans le patrimoine du défunt ; mais que décider des biens qui en seront sortis ? De ceux-ci, les uns peuvent avoir été légués ou donnés à des personnes quelconques successibles ou non, autres que le conjoint lui même ; les autres peuvent avoir été l'objet de libéralités faites à cet époux.

1° *Libéralités à des tiers autres que l'époux.*

104. Faut-il comprendre dans le patrimoine du défunt les biens qui ont été donnés ou légués à des tiers et servent-ils à composer la masse partageable ? Il y a un point certain, c'est que le conjoint n'a aucune action en réduction puisqu'il n'est pas réservataire. Mais faut-il faire rentrer ces biens dans la succession ? L'art. 767, § 6 est ainsi conçu : « le calcul sera opéré sur une masse faite de tous les biens existant au décès du *de cujus*, auxquels seront réunis fictivement ceux dont il aurait disposé soit par acte entre vifs, soit par acte testamentaire au profit de successibles, sans dispense de rapport. »

105. C'est donc par un rapport fictif que ces biens sont réunis à l'actif héréditaire et servent à composer la masse sur laquelle portera l'usufruit. Cette disposition n'a pas été sans rencontrer de graves objections, avant d'être votée par les Chambres. Le Sénat, dans sa séance du

10 mars 1877, avait adopté le texte suivant : « L'époux
survivant n'a de droit que sur les biens dont le prédécédé
n'aura disposé, ni par acte entre vifs, ni par acte testamentaire et sans préjudice des droits des héritiers, auxquels une quotité des biens est réservée, et des droits de
retour déterminés par la loi. Sur le montant de leurs
droits respectifs, l'époux ou les héritiers sont tenus
d'imputer les libéralités provenant du défunt directement
ou indirectement. »

106. C'était, on le voit, une solution diamétralement
opposée. La Commission Sénatoriale se fondait, pour la
défendre, sur l'art. 857 : Comment, disait-elle, accorder au
conjoint, qui n'est qu'un simple successeur irrégulier, un
droit de rapport que la loi ne déclare être dû qu'entre
cohéritiers ? Mais outre que c'était là interpréter les art.
843 et 857 d'une façon bien étroite qui n'a jamais été
suivie par la jurisprudence (l'enfant naturel, qui autrefois
n'était qu'un successeur irrégulier, a toujours eu le droit
de demander le rapport), si l'on avait adopté la doctrine du
Sénat, on aurait réduit considérablement l'intérêt de la
loi nouvelle, car dans bien des cas, si le défunt avait sans
discernement entamé la quotité disponible par des libéralités, l'usufruit du conjoint se serait exercé sur une
quantité de biens infinitésimale. Ce système conduisait
en outre à faire supporter l'usufruit uniquement par les
enfants non dotés, et pas par ceux qui avaient déjà reçu leur
dot, ce qui était aller manifestement à l'encontre de la
volonté du défunt.

107. M. Piou se fit l'avocat éloquent de la cause de l'époux ; le texte du Sénat fut repoussé par la Commission de la Chambre des Députés, se rangeant à l'avis de la Faculté de Droit de Paris, qui reconnaissait qu'en l'absence de texte spécial, le rapport devait s'exercer, car l'art. 843 dont le but est de maintenir l'égalité entre les successibles, s'applique à tous ceux qui viennent à la succession. C'était donc exiger, au profit du conjoint, le rapport réel pour le calcul de son usufruit et pour son exercice. — Lorsque le projet revint pour la seconde fois devant le Sénat, une troisième solution intermédiaire fut proposée. L'usufruit du conjoint serait calculée sur une masse composée des biens existants et des biens sortis du patrimoine par dons ou par legs, sans dispense de rapport ; mais le conjoint ne pourrait l'exercer que sur les biens réellement dans la succession. Ce fut le système qui passa définitivement dans la loi : c'est le rapport fictif.

108. Il ressort de là que, en faisant rentrer dans la succession les biens donnés ou légués à des successibles, sans dispense de rapport, on exclut de la masse héréditaire, les biens dont des non-successibles ont été gratifiés (1). C'est en effet le droit commun ; mais que décider des biens grevés d'un droit de retour, soit conventionnel, soit légal ? Doit-on les réunir fictivement à la masse pour

(1) Arrêt du Tribunal civil de Montpellier du 23 novembre 1893. Dalloz, 1894, II, 105.

faire le calcul de l'usufruit? — On sait ce qu'il faut entendre par retour conventionnel. C'est le droit que se réserve le donateur de reprendre l'objet donné en cas de prédécès du donataire sans postérité. Or, le donateur n'est pas considéré ici comme un héritier : il recouvre l'objet donné à titre de propriétaire, en vertu de l'arrivée de la condition résolutoire qui dessaisit le donataire prédécédé. Il n'y a donc pas lieu, en ce cas, de comprendre le bien dans la succession.

Pour le retour légal, la question est plus délicate. Lorsqu'un ascendant succède aux choses données par lui à son descendant mort sans postérité, y a-t-il là deux successions : la succession anomale et la succession ordinaire? ou bien n'y a-t-il qu'une seule succession dont les biens sont attribués à deux sortes d'héritiers différents? Suivant que l'on adopte la première ou la seconde de ces deux opinions, on serait tenté d'exclure ou de comprendre dans la masse les biens de la succession anomale. Mais à notre avis, il n'y a pas d'hésitation à avoir en présence des termes du paragraphe suivant de la loi, qui stipule expressément que l'exercice des droits du conjoint, ne peut préjudicier aux droits de réserve ni aux droits de retour. C'est donc que les biens soumis à ce droit font partie de la masse; autrement la disposition de la loi n'aurait aucun sens.

109. Mais quelle est exactement la nature de ce rapport? On sait que le Code établit deux sortes de rapport : celui de l'article 843, qui est exigé réellement de tout co-

héritier, qui a reçu un don ou un legs, au moment du partage ; et le rapport de l'article 922 qui sert à composer la
masse successorale afin de déterminer la quotité disponible : ce dernier, purement fictif, a lieu non seulement
pour les libéralités faites aux co-héritiers, mais encore
pour celles dont des étrangers ont profité ; il ne devient
réel que dans le cas où les libéralités sont sujettes à être
réduites. Le rapport dù à l'époux est-il de cette dernière
catégorie ? Nous le croyons ; car l'intention de M. Delsol
a toujours été de se conformer aux règles et aux procédés
indiqués par le Code lui-même pour le calcul de la réserve
et de la quotité disponible.

Il y a bien, il est vrai, des différences entre les art. 767
et 922 : l'héritier réservataire peut exercer son droit sur
tous les biens de la succession, en faisant réduire les
donations suivant l'ordre de la loi, tandis que le conjoint
ne peut l'exercer que sur ceux existant réellement. Mais
ce sont là des différences qui s'expliquent par les buts
différents du rapport dans ces deux cas, et par les diver-
gences de vue entre le Sénat et la Chambre. Donc, nous
croyons que, comme dans les hypothèses de l'art. 922,
il faudra estimer les biens « d'après leur état au moment
des donations et leur valeur au temps du décès du donateur » ; c'est-à-dire au prix qu'ils vaudraient lors du
décès du donateur, s'ils n'étaient pas sortis du patrimoine
et s'ils n'avaient pas subi les augmentations ou les dimi-
nutions de valeur du fait du donataire. C'est le droit
commun.

2° *Libéralités faites à l'époux lui-même.*

110. Rationnellement, du moment que l'on obligeait
les co-héritiers à rapporter à la masse les biens qui leur
avaient été donnés ou légués, il fallait soumettre le
conjoint à la même obligation, à moins d'abandonner le
principe même du rapport qui est, comme nous l'avons
dit, l'établissement de l'égalité entre les co-héritiers.
Aussi la loi a-t-elle décidé que l'époux survivant cessera
d'exercer son droit « dans le cas où il aurait reçu du
défunt des libéralités, même faites par préciput et hors
part, dont le montant atteindrait celui des droits que la
présente loi lui attribue ; et si ce montant était inférieur, il
ne pourrait réclamer que le complément de son usufruit. » C'est, pour le conjoint, le pendant de l'obligation
des co-héritiers.

111. On avait même été plus loin lors de la discussion
devant le Sénat en 1877. M. Delsol avait proposé que
toute libéralité faite au conjoint lui tiendrait lieu de part
héréditaire. Cette disposition était trop rigoureuse. En
vain disait-on que du moment où le défunt avait fait une
libéralité à son conjoint, son sort était assuré et qu'alors
la loi n'avait plus lieu de s'appliquer à lui, puisque la
volonté du défunt s'était manifestée et qu'il avait avantagé
lui-même son conjoint. On sent combien cet argument a
peu de valeur dans le cas où le défunt a fait à son
conjoint une libéralité insignifiante. Et puis cette clause,
si elle avait été adoptée, serait devenue de style dans
tous les testaments et la loi n'aurait plus jamais reçu

d'application. On repoussa donc la proposition de M. Delsol et on adopta le système de l'imputation.

112. L'imputation constitue-t-elle un véritable rapport
au sens juridique du mot. ? Evidemment non, si l'on
veut parler du rapport de l'art. 843. Mais il y a là l'équivalent, en ce qui concerne l'époux, en ce sens qu'il est
obligé de tenir compte de la libéralité qu'il a reçue, et
qu'il ne peut exercer ses droits que dans une mesure
restreinte. Mais ces biens ne serviront jamais au calcul
de la masse. C'est en ce sens qu'il n'y a pas de rapport.
Cette opinion est du reste confirmée par les travaux
préparatoires et par les termes de la loi. Le mot imputation s'explique de lui-même. Point n'est besoin, pour
expliquer cette solution, d'adopter l'opinion de M. Bres-
soles, qui considère le conjoint comme un donataire
étranger « qui ne figure dans les opérations héréditaires
que lorsqu'il n'a pas reçu la libéralité équivalente à son
usufruit ». Nous avons démontré que si le conjoint n'est
pas un héritier, il est tout au moins un successeur irrégulier.

113. Quoi qu'il en soit, que faut-il penser de cette disposition de la loi ? Est-elle rationnelle ? Ne va t-elle pas à
l'encontre de la volonté du défunt quand il a fait à son
conjoint une libéralité par préciput et hors part ? On
comprend très bien que le conjoint ne soit pas mieux
traité que les héritiers et que la formalité de l'imputation
lui soit imposée. Mais puisque la loi a pour but de faire
le testament présumé du défunt, lorsque celui-ci a clai-

rement indiqué qu'il entendait que la libéralité faite à
son conjoint lui soit acquise hors part. pourquoi sur ce
point ne pas respecter sa volonté?

114. Les critiques qu'a soulevées cette disposition dès
son apparition nous semblent fondées ; car il y a certainement une contradiction entre l'art. 1094 et l'art. 767.
D'après le premier de ces articles, un époux qui a des
enfants peut donner à son conjoint un quart en pleine propriété et un quart en usufruit. Or, s'il a légué à son conjoint
par préciput un quart de sa fortune en usufruit, ce quart
devra s'imputer sur l'usufruit que lui accorde l'art. 767, qui
est justement de la même quotité et son legs sera nul et non
avenu. De plus le conjoint est placé ici dans une situation inférieure vis-à-vis des héritiers qui, eux, doivent
bien le rapport, mais uniquement de ce qu'ils ont reçu
sans clause de préciput.

115. Cette imputation est-elle obligatoire, ou bien le
conjoint peut-il y échapper? Il est certain qu'en renon-
çant à la succession il pourra se soustraire à cette obligation ; il conservera alors les libéralités qui lui auront
été faites, dans les limites de la quotité disponible bien
entendu. Mais le défunt peut-il dispenser le conjoint
d'imputer les libéralités préciputaires? la question est
controversée. On dit que la volonté du défunt n'a rien de
contraire à l'ordre public et que. par conséquent, il faut
l'admettre. Mais c'est là violer le sens de la loi : le *de
cujus* ne peut pas indiquer sa volonté autrement qu'en
disant que tel avantage sera par préciput, et puisque

même en ce cas la loi se prononce formellement pour
l'imputation, on ne peut y déroger. La disposition n'en
demeure pas moins critiquable à notre avis.

116. Il nous reste à examiner quelles sont au juste
ces libéralités et puis comment on en fixe la valeur.

Quels sont les biens que la loi entend désigner par le
mot « libéralités » ? Cela comprend les dons et legs, les
remis s de dettes, les libéralités indirectes ou dégui-
sées, les dons manuels. Mais les droits de viduité de la
veuve, accordés par les art. 1165 et 1481, ne sauraient
être considérés comme des libéralités et soumis à la formalité de l'imputation. Ce sont, en effet, des avantages
spéciaux qui naissent de la loi, et auxquels les héritiers
ne peuvent toucher. Mais *quid* des assurances sur la vie ?
Le bénéfice qui en résulte constitue-t-il des libéralités ?
La question est d'autant plus intéressante que le législateur n'a pas prévu l'extension considérable que devait
prendre ce genre de contrat et qu'aucune disposition
légale ne le réglemente : mais la Jurisprudence a depuis
longtemps pris parti.

117. — Si l'assurance a été contractée au profit d'un
tiers déterminé, les principes généraux qui régissent les
libéralités s'appliquent : si c'est un successible le rapport
a lieu ; dans le cas contraire on ne comptera pas dans la
masse le capital assuré (1). Comment les choses se

_____

(1) On admet généralement que c'est le capital assuré, et non
les primes payées annuellement, qui est soumis au rapport : car

passent-elles lorsque le bénéficiaire se trouve être l'époux ?

Examinons quelle est la nature du contrat d'assurance sur la vie au profit d'un tiers déterminé (l'époux par exemple). C'est un contrat, constaté au moyen d'une police, par lequel l'assuré s'engage à verser à l'assureur une prime, annuelle ou non, à charge par l'assureur de payer à une époque spécifiée un capital fixé d'avance à une personne que l'on appelle le tiers bénéficiaire de l'assurance : dans notre hypothèse, ce tiers est l'époux. La Cour de Cassation valide une pareille stipulation sur le fondement de l'art. 1121 du Code civil ; il y a là, du reste, une opération extrêmement louable par laquelle un mari, par exemple, assure à sa femme un certain capital qui l'empêchera d'être sans ressources s'il vient à mourir avant d'avoir acquis une fortune suffisante. Cet acte constitue à n'en pas douter une libéralité, propre au bénéficiaire, non une donation proprement dite, mais une libéralité analogue à celle qui résulte d'une remise de dette par exemple. Elle produit son effet vis-à-vis du tiers assuré, dès qu'il a accepté le bénéfice de l'assurance ; aussi décide-t-on, conformément à un arrêt de la Cour de Cassation du 16 janvier 1881 (1), que la Compagnie d'assurance doit verser le capital entre les mains du tiers qui a pour cela une action directe. Il ne peut en être autrement,

l'égalité n'est obtenue entre cohéritiers qu'en rapportant tout l'avantage acquis, et le capital assuré peut être supérieur ou inférieur au montant des primes.

(1) Dall., 1888, I, 77.

constate l'arrêt en question, puisque le capital assuré n'a jamais existé dans les biens du stipulant durant sa vie, et qu'il n'est formé que par le fait même de sa mort. Dans le cas qui nous occupe, l'assurance sur la vie au profit de la femme constitue à celle-ci un bien propre qui ne doit pas tomber dans la communauté, autrement le but que se propose le mari ne serait pas atteint, car la femme devrait accepter la communauté pour n'obtenir que la moitié du capital assuré.

118. L'assurance sur la vie doit-elle être soumise à l'imputation de l'article 767 du Code ? Si les primes ont été prélevées sur le capital, il n'y a pas de doute possible (1) : le stipulant s'est appauvri et a fait à son conjoint un avantage soumis de par le droit commun au rapport. Mais que décider si les primes ont été payées au moyen d'annuités prises sur les revenus ? Certains, dans le but de favoriser les contrats d'assurance, tirent argument de l'article 852 du Code Civil (2) pour décider la négative. Mais ce texte exceptionnel ne saurait être étendu par analogie. L'article 919 au contraire soumet toutes les libéralités au rapport, excepté celles faites par préciput et hors part. Or la loi de 1891 oblige le conjoint à imputer sur sa part usufructuaire les libéralités, même préciputaires. Donc le bénéfice résultant pour celui-ci

(1) Rouen, 6 février 1878. Dall., 1878, .I, 189.
(2) « Les frais de nourriture, d'entretien, d'éducation, d'apprentissage, les frais ordinaires d'équipement, ceux de noces, et présents d'usage, ne doivent pas être rapportés. »

d'une assurance devra être précompté sur sa part héréditaire (1).

Un arrêt de la Cour de Cassation du 6 février 1888
maintient énergiquement les mêmes principes en cas
d'assurances mixtes contractées par les deux époux au
profit du survivant. Supposons que le survivant soit la
femme : la stipulation faite à son profit, l'est sous la condition suspensive du prédécès du mari, et cette condition
s'étant réalisée, la femme est réputée bénéficiaire dès le
jour du contrat ; le capital assuré devra donc être aussi
en ce cas soumis à l'imputation.

119. Quant aux avantages résultant pour le conjoint
survivant du régime matrimonial qu'il a adopté, ce ne
sont pas, à proprement parler, des libéralités. De tels
avantages sont réputés par le Code Civil être des conventions entre associés, à titre onéreux par conséquent, et
non soumis aux règles du rapport. Le survivant cumu-
lera donc le préciput conventionnel de l'article 1515, la
part inégale dans la communauté de l'art. 1520, et en

---

(1) La Cour de cassation, dans un arrêt en date du 29 juin 1896,
vient de tirer de sa doctrine des conséquences qui nous parais-
sent excessives, en décidant que l'assurance au profit d'un tiers
ne constitue pas une libéralité rapportable. C'est peut-être qu'elle
a le pressentiment d'une législation à venir sur la matière : mais
nous avouons que, quelque intéressantes que nous semblent les
assurances sur la vie, il nous est impossible en l'état actuel de la
législation de ne pas reconnaître à la combinaison des articles
1121 et 919 du Code civil, une autorité incompatible avec cette
nouvelle interprétation.

général tous les avantages que prévoit l'art. 1527, avec
son usufruit successoral, sans que les héritiers soient
fondés à demander l'imputation. « Quand on a édicté les
règles du contrat de mariage, disait M. Humbert dans son
rapport (1), les rédacteurs du Code Civil ne voulaient pas
établir un droit de succession au profit du conjoint survivant ; autrement ils ne lui auraient pas autorisé ces
avantages énormes comme simples conventions de
mariage. »

120. Tels sont les biens que l'on doit ou ne doit pas
comprendre sous le terme générique de libéralités. Quelle
est la valeur de ces biens, à quel moment faut-il se placer
pour l'apprécier ?

De même que nous l'avons vu plus haut, en ce qui concerne le rapport fictif, c'est au moment de l'ouverture de
la succession qu'il faut se placer pour apprécier la valeur
d'un bien ; autrement si l'on se plaçait au jour de la donation, on pourrait être amené à décider qu'un conjoint
devrait se contenter d'un bien déprécié complètement,
sous prétexte que lorsqu'il l'a reçu il avait la valeur de sa
part *ab intestat*. Ce qui serait contraire manifestement à
l'intention du législateur, qui a voulu assurer au survivant des droits d'une valeur effective, suffisante pour lui
permettre de continuer à tenir son rang dans la société.
Mais comment comparera-t-on la valeur du bien qui doit
être soumis à l'imputation avec le montant de l'usufruit

(1) *Journal Officiel*, 22 novembre 1890.

légal? Si les libéralités consistent en un usufruit, rien de
plus simple; on compare entre elles deux quantités de
même nature.

121. Mais si le défunt a reçu une libéralité en pleine
propriété, comment faire? On décide, et un jugement du
tribunal civil de la Seine (1) est en ce sens, que l'on doit
évaluer, en capital, le montant des libéralités faites au défunt et convertir ce capital en rente viagère eu égard à
l'âge du défunt, laquelle rente viagère sera imputée sur
l'usufruit de l'article 767 (2). — Nous venons de voir comment se compose la masse héréditaire pour le calcul de
l'usufruit du conjoint survivant. Il nous reste à examiner
si tous ces biens qui entrent dans la formation de la masse
supportent définitivement l'usufruit.

122. En effet, on se rappelle qu'entre la solution du
Sénat, qui demandait que les biens donnés ou légués ne
fussent en aucun cas considérés comme faisant partie de
la masse, ni pour le calcul ni pour l'exercice du droit
d'usufruit, et celle de la Chambre qui, en repoussant
purement et simplement la proposition venant du Sénat,
entendait faire profiter le conjoint de l'article 843, c'est-à-

(1) Dalloz. *Jurisp. gén.*, 1894, II, 105.
(2) La nouvelle loi belge du 20 novembre 1896 décide dans le
même sens : Art. 1, II, § 5 « Si les libéralités ont été faites en pleine
propriété, l'imputation se fera en retranchant de l'usufruit successoral le montant de la rente viagère que le conjoint pouvait acquérir au moyen de l'aliénation des biens qui lui ont été donnés
ou légués. »

dire exiger le rapport et pour le calcul et pour l'exercice, une solution mixte est intervenue. On admit le rapport, mais on ajouta : « L'époux survivant ne pourra exercer son droit que sur les biens dont le prédécédé n'aura disposé, ni par acte entre vifs, ni par acte testamentaire et sans préjudicier aux droits de réserve, ni aux droits de retour. » C'est, comme nous l'avons dit, le rapport fictif qui permet au conjoint de jouir d'un usufruit plus grand tout en ne l'exerçant que sur les biens dont le défunt n'a pas disposé. En outre, on évite ainsi de frapper de résolution un grand nombre de contrats qui auront pu être passés sur les immeubles donnés.

123. Le droit d'usufruit du conjoint est donc entravé : 1° par les dons ou legs, 2° par les droits de retour, 3° par les droits de réserve.

124. Au sujet des donations ou des legs, il n'y a aucune remarque particulière à faire. Quels que soient les destinataires de ces libéralités, des successibles ou des non successibles, elles sont assimilées au point de vue de l'exercice de l'usufruit. La différence n'existe entre elles qu'au sujet du calcul : nous en avons déjà parlé. De même pour les biens grevés du droit de retour ; que l'on admette une opinion ou l'autre, sur la question de savoir si les biens ainsi grevés légalement ou conventionnellement, sont compris dans le calcul de la masse, il faut dire que le conjoint n'exerce pas son droit sur eux.

125. Quant aux biens soumis aux droits de réserve, ils sont évidemment comptés dans le calcul de la masse

puisqu'ils font partie du patrimoine héréditaire du
défunt. La loi dit qu'ils ne sont pas compris dans
l'exercice de l'usufruit. La question se présentera lorsque
le *de cujus* aura fait des libéralités; autrement l'usufruit
du conjoint est toujours inférieur à la quotité disponible.
Examinons quelques exemples. Supposons un défunt
dont la fortune soit de 90.000 francs. Il laisse deux
enfants et a fait un legs de 20.000 francs. La quotité disponible en ce cas qui est de 30.000 francs sera insuffisante pour que le conjoint ait l'usufruit du quart que lui
donne la loi, car il ne restera que 10.000 francs tandis
que l'usufruit serait en l'espèce de 22.500 francs. Il devra
se contenter d'un usufruit de 10.000 francs sur les
biens que les enfants recueilleront en dehors de leur
réserve.

Une difficulté peut se présenter lorsque, outre son
conjoint, le défunt laisse un ascendant et des collatéraux
non privilégiés. On sait qu'en ce cas la succession est
divisée en deux parties et que, en vertu de l'article 754,
l'ascendant a l'usufruit du tiers des biens auxquels il ne
succède pas. Comment concilier cet usufruit avec celui
du conjoint? Lorsque la question vint devant le Sénat,
on avait décidé que l'usufruit du père ou de la mère ne
s'exercerait qu'après celui du conjoint. Mais ce système
fut repoussé sur les observations de M. Piou, à la
Chambre, que l'ascendant supportait déjà l'usufruit du
conjoint sur la moitié de sa part qui n'était pas réservée,
et l'on décida que les deux usufruits s'exerceraient con-

curremment ; c'est-à-dire, suivant les explications de
M. Delsol, lorsque le projet revint pour la deuxième fois
au Sénat, que le conjoint jouira de la moitié, et le père ou
la mère du tiers, soit 5/6 des biens dévolus aux collatéraux ; ceux-ci n'auront donc que 5/6 en nue propriété et
1/6 en pleine propriété.

126. Donc l'usufruit ne peut s'exercer que sur la
quotité disponible ; mais sur laquelle ? Est-ce celle des
art. 913 et suivants, ou bien celles des art. 1094 et 1098 ?
Le disponible entre époux est plus élevé que le disponible
ordinaire, lorsque le conjoint laisse trois ou un plus
grand nombre d'enfants ; il est en ce cas de un quart en
propriété et un quart en usufruit au lieu de n'être que
un quart en propriété. Le conjoint survivant peut-il invoquer ce disponible spécial lorsque les libéralités du défunt
auront absorbé le disponible ordinaire ? La question est
controversée. Les uns prétendent que la faveur accordée au
conjoint par l'art. 1094 en matière de donation ne saurait
lui être refusée, lorsqu'il succède *ab intestat* ; car ce
n'est pas préjudicier aux droits de réserve des descendants
puisque ceux-ci pouvaient en être privés par la volonté du
défunt.

127. Nous ne croyons pas cette manière de voir
conforme aux principes du Code. Autre chose est le
droit de l'époux en matière de donation et autre chose
son droit successoral. Si le législateur avait voulu le
faire profiter des avantages des donations, il aurait pris
soin de l'expliquer ; et lorsqu'il parle de droits de réserve,

il ne peut s'agir que de la réserve ordinaire. Un jugement du Tribunal d'Aubusson du 21 mars 1893 (1) ,
décide du reste que lorsque le conjoint prédécédé laisse
trois enfants et a disposé du quart de ses biens, le droit
successoral du conjoint survivant est réduit à néant.
M. Delsol s'est expliqué dans ce sens, à la séance du
Sénat du 18 novembre 1890, en déclarant ne rien vouloir
enlever à la réserve des descendants.

128.. Un autre jugement du Tribunal de Montpellier,
en date du 23 novembre 1893 (2), statue sur une hypothèse intéressante ; il décide que le conjoint ne sera point
privé de tous droits de succession par l'institution d'un
légataire universel, faite par un mineur âgé de 16 ans.
On sait que d'après l'art. 904, il ne peut disposer par testament que de la moitié de ce dont peut disposer un
majeur. Supposons donc un mineur qui laisse son conjoint, son père et sa mère et un légataire universel étranger. S'il était majeur, il aurait pu disposer, au profit de
l'étranger, de la moitié de la succession (application de
l'art. 913, Code Civil); comme il est mineur, il ne peut
disposer que du quart. Trois quarts reviendront donc au
père et à la mère, sur lesquels deux quarts à titre de
réserve, et le conjoint pourra jouir de son usufruit sur le
quart excédant. Voilà donc comment s'exerce le droit
d'usufruit de l'époux survivant. Mais comme le calcul et

1) Dall.,1895, II, 9.
(2) Dall., *Jurisp. gén.*, 1894, II, 105.

l'exercice de ce droit diffèrent et que, notamment en ce qui concerne la réserve, les biens compris dans le calcul ne le sont pas dans l'exercice, on peut se demander si, dans le cas où l'usufruit est supérieur au revenu des biens sur lesquels il peut s'exercer, il n'y a pas lieu d'appliquer l'art. 917 du Code Civil, aux termes duquel : « Si là disposition par acte entre vifs ou par testament est d'un usufruit ou d'une rente viagère dont la valeur excède la quotité disponible, les héritiers, au profit desquels la loi fait une réserve, auront l'option ou d'exécuter cette disposition, ou de faire abandon de la quotité disponible ». Les termes de l'art. 767 ne permettent pas l'application de cet article au conjoint qui « ne peut préjudicier aux droits de réserve ». Or, il y préjudicierait certainement en exigeant que l'héritier fasse le choix dont parle l'art. 917. Celui-ci n'a qu'à s'en tenir à l'esprit et au texte de la loi de 1891, pour obliger le conjoint à se contenter de l'usufruit sur ce qui reste de disponible dans la succession. Du reste, dans un cas semblable on décide que le légataire de l'usufruit de tous les biens d'un mineur, ne saurait en vertu de l'art. 917, exiger des héritiers, ou l'exécution du legs, ou l'abandon de la propriété de la moitié dont le mineur ne peut disposer.

b) Le Droit au point de vue passif.

129. Le conjoint est un successeur irrégulier *in universum jus*, lorsqu'il succède en propriété ; il est successeur à titre particulier lorsqu'il succède en usufruit.

Quelle est l'influence de cette qualité de successeur sur le payement des dettes du défunt? Et la transmission du droit n'est-elle pas elle-même grevée de dettes, les droits fiscaux? Nous diviserons donc notre étude du passif en deux parties : l'une consacrée aux dettes, l'autre aux droits fiscaux.

1° *Contribution du conjoint au paiement des dettes de la succession.*

130. Examinons d'abord le cas où il succède en propriété, en vertu de l'article 767. Succédant à l'universalité du patrimoine, il doit nécessairement en supporter les dettes. Mais dans quelle mesure? La question, à notre avis, ne fait pas de doute, et cependant elle semble controversée en doctrine et en jurisprudence. D'après une première opinion, la mise en possession de ses droits, obtenue par le conjoint, aurait la valeur d'une sorte de saisine judiciaire, qui l'obligerait à payer les dettes même *ultra vires emolumenti* ; il y a en ce sens un arrêt de la Cour de Toulouse du 16 mars 1882 (voyez Sirey, 1883, II, 73) qui décide que, contrairement à l'opinion dominante, le conjoint survivant appelé à l'hérédité, à défaut de parents, tient de la loi un droit héréditaire qui lui fait activement et passivement la même situation qu'aux héritiers légitimes. Cet arrêt n'a pas été sans soulever de nombreuses contestations, comme on peut s'en rendre compte en lisant la note sous l'arrêt de M. Labbé qui se range à l'avis

de MM. Aubry et Rau (1). Suivant leur opinion qui nous paraît être la seule juridique, l'obligation du paiement des dettes *ultra vires* ne résulte pas de la saisine, mais bien du fait de la continuation de la personnalité juridique du défunt. Seuls, les héritiers légitimes sont considérés, d'après les principes séculaires de notre droit, comme les continuateurs de la personne, seuls, ils sont tenus des dettes *ultra vires*. Le conjoint, en sa qualité de successeur irrégulier, n'a donc pas besoin, pour n'être tenu que *intra vires*, de recourir au bénéfice d'inventaire. Nous avons vu qu'il peut lui être utile afin d'éviter la confusion des patrimoines.

131. S'il succède en usufruit, c'est un successeur à titre particulier. Il semblerait en résulter qu'il ne doit en aucune façon contribuer au paiement des dettes. Et cependant, malgré cela, il y a bien une sorte d'universalité sur laquelle porte son droit; et, n'est-il pas juste que cette universalité ne lui arrive que déduction faite des dettes (*non sunt bona nisi deducto œre alieno*), et qu'il ne puisse la recueillir qu'après le paiement des dettes effectué par lui? Il est évident que ne représentant pas la personne du défunt, on ne pourra lui demander le payement *ultra vires*. On l'assimile, nous l'avons vu, au légataire d'une quote-part d'usufruit qui est un successeur à titre particulier; mais dans la mesure de ce qu'il recueille, ne peut-on et ne doit-on pas dire qu'il doit payer les dettes

(1) *Op. cit.*, VI, p. 706, § 639.

de l'universalité qu'il recueille en réalité? Car il y a là ce
que la loi appelle un usufruit universel ou plutôt à titre
universel. Et l'on peut se demander comment sont payées
les dettes.

132. A première vue, et en dehors de toute contro-
verse, étant donnée l'assimilation faite au légataire particulier, la question ne semble pas douteuse : il faudra
appliquer les principes généraux contenus dans les
art. 610 et 612 du Code Civil. L'art. 610 décide que : « le
legs fait par un testateur d'une rente viagère, ou pension
alimentaire doit être acquitté par le légataire universel
de l'usufruit dans son intégrité et par le légataire à titre
particulier de l'usufruit dans la proportion de sa jouissance sans aucune répétition de leur part ». Et cela se
conçoit fort bien, toute dette d'arrérages doit être supportée par celui qui a la jouissance, dans la proportion de
sa jouissance. — Quand la dette consiste en un capital il
faudra appliquer alors au conjoint l'art. 612 ainsi conçu :
« L'usufruitier ou universel ou à titre universel doit contribuer avec le propriétaire au paiement des dettes ainsi
qu'il suit : — On estime la valeur du fonds sujette à usufruit ; on fixe ensuite la contribution aux dettes en raison
de cette nature. — Si l'usufruitier veut avancer la
somme pour laquelle le fonds doit contribuer, le capital
lui en est restitué à la fin de l'usufruit, sans aucun intérêt. Si l'usufruitier ne veut pas faire cette avance, le propriétaire a le choix ou de payer cette somme, et dans ce
cas l'usufruitier lui tient compte des intérêts pendant la

durée de l'usufruit, ou de faire vendre jusqu'à due concurrence une portion de biens soumise à l'usufruit. »

133. Telles sont les règles très simples du Code
Civil : elles se passent de commentaires, et elles ont été
appliquées au conjoint survivant malgré un amendement
de M. Taudière, que la Chambre des députés a repoussé
dans sa séance du 26 février 1891. L'honorable député
demandait qu'on instituât, pour calculer la valeur de
l'usufruit, un mode spécial basé sur une progression
descendante suivant l'âge du conjoint : de 15 à 25 ans,
on aurait multiplié le revenu annuel de l'usufruit par 17,
de 25 à 35 ans, par 16, etc. C'était là compliquer inutile-
ment les choses, car la loi n'accorde jamais au conjoint
qu'un usufruit d'une quotité déterminée. Il n'y aura donc
aucune difficulté à faire l'évaluation de l'art. 612. Il va
sans dire que les autres textes applicables aux successeurs à titre particulier, les art. 873 et 874, concernent
aussi le conjoint usufruitier.

2° *Droits fiscaux.*

134. Voyons quels sont les droits de mutation auxquels
le conjoint survivant est soumis lorsqu'il vient à la succession, soit en propriété, soit depuis 1891 en usufruit ?
Les règles sur la matière sont contenues dans une circulaire du Directeur de l'Enregistrement, des Domaines et
du Timbre, parue le 6 juin 1891, c'est-à-dire quatre mois
après la promulgation de la loi nouvelle (1).

(1) Cf. Gerbault et Dubourg, *op. cit.*, p. 287 et 19.

D. — 7

Dans le cas où le conjoint recueille la totalité de la succession en pleine propriété, les droits de mutation ont
subi de nombreuses modifications. Sous le régime de la
loi du 28 avril 1816 (art. 53), le conjoint, considéré
comme une personne non parente avec le défunt, était
assujetti à la taxe de 3 0/0 pour les biens immeubles,
de 1 1/2 0/0 pour les biens meubles. L'article 33 de la loi du
21 avril 1832, est venu porter ces droits à 9 francs pour
100 francs sur les immeubles et 6 francs pour 100 francs
sur les meubles. Enfin la loi du 18 mai 1850 assimila les
meubles et les immeubles, en les assujettissant à la taxe
de 9 0/0. C'est donc ce dernier droit, augmenté des deux
décimes de la loi du 23 août 1871, qui est applicable au
conjoint survivant, dans le cas du paragraphe premier de
l'art. 767.

135.   Lorsque, au contraire, le conjoint recueille une
quote-part d'usufruit, il faut, d'après le Directeur de l'Enregistrement, liquider le droit de mutation comme en cas
de legs d'usufruit, et le percevoir au taux de 3 0/0, suivant l'article 53 de la loi du 28 avril 1816. C'est ce
qu'entendait le rapporteur de la loi, M. Piou, qui s'exprimait ainsi à la séance de la Chambre des Députés, le
26 février 1891 : « Aujourd'hui, lorsque l'époux hérite en
vertu de l'art. 867, il hérite à défaut de parents et en
réalité comme étranger; c'est pourquoi il est passible du
droit de 9 0/0. La loi nouvelle le considère tout autrement,
elle lui donne un droit nouveau dans la succession *ab
intestat*, parce qu'elle l'assimile à un parent venant en

concours avec des parents. A ce titre, quoique successeur
irrégulier, il ne peut être soumis aux droits dont les
étrangers sont seuls passibles, et dont il est passible lui-
même à défaut de parents. » Nous ne saurions partager
en cette matière l'avis de l'honorable rapporteur, qui
semble avoir inspiré la décision de l'Enregistrement.
Lorsque autrefois le conjoint survivant recevait un legs
du défunt, on devait appliquer la loi de 1816 et le droit
de 3 0/0. Au contraire, aujourd'hui, s'il succède en usufruit, c'est par une simple tolérance, légitimée du reste
par la cause intéressante du conjoint, qu'on l'assimile à
un légataire, car il n'est pas plus parent du défunt en
ce cas que dans l'autre, ni plus étranger, et nous croyons
que les textes autorisent l'application du droit de 9 0/0,
aussi bien en cas de succession en usufruit, qu'en cas de
succession en propriété.

136. Quels sont les droits de mutation, lorsque l'usufruit est converti en rente viagère? La circulaire du Directeur de l'Enregistrement, du 8 juillet 1895, conformément à l'interprétation d'un jugement du tribunal de la
Mayenne, du 5 décembre 1894 (1), décide que le conjoint ne
paie pas successivement le droit de mutation pour l'usufruit, et le droit pour la constitution de rente, mais uniquement ce dernier droit. Nous verrons plus loin, en étudiant la conversion en rente viagère, quelles sont les
théories que suit l'Enregistrement en cette matière.

(1) Cf. le *Droit*, 26 avril 1895.

§ 3

Causes de déchéance.

137. Nous avons vu dans nos deux premiers para-
graphes comment prenait naissance le droit de succession
du conjoint et ce qu'était ce droit au point de vue de sa
quotité et de son exercice. Abordons maintenant l'étude
des conditions dans lesquelles il disparaît. C'est ce que
nous nommerons les causes de déchéance. On peut conce-
voir que ce droit soit supprimé, soit dans l'intérêt des
héritiers amenés à en profiter dans certaines hypothèses
déterminées, soit à cause de sa nature même. Remarquons tout d'abord, qu'il ne peut s'agir, lorsqu'on parle
de déchéance, du droit de propriété conféré à l'époux
survivant par l'ancien art. 767, en l'absence de tout héritier ; la propriété étant par son essence même un droit
absolu et perpétuel.

Quelles sont les causes de déchéance du droit de succession en usufruit ? Les unes tiennent au caractère de ce
droit, les autres sont édictées par la loi dans un but de
protection des enfants.

138. Indépendamment des causes générales de perte
de l'usufruit qui sont énumérées au chap. I, titre III,
livre II du Code Civil, la mort, la consolidation, le non
usage, la perte de la chose (1) etc., l'usufruit du conjoint

(1) Il ne peut y avoir en notre matière de perte de l'usufruit par

se perd encore par la conversion en rente viagère. Il
fait alors place à un autre droit, il est vrai, mais il n'en
disparaît pas moins. La loi de 1891 a encore institué
une cause de déchéance qui cette fois a le caractère d'une
protection. C'est le convol. Nous étudierons les effets du
convol en dernier lieu car il s'applique aussi bien à l'usufruit qu'à la rente viagère. C'est une déchéance plus
pleine après laquelle plus rien ne subsiste du droit.

SECTION I. — *Conversion en rente viagère.*

139. L'usufruit que le nouvel art. 767 accorde au
survivant s'il offre le grand avantage de donner satisfaction aux droits qui naissent du mariage, tout en respec-
tant le principe de la conservation des biens dans la
famille, comporte néanmoins de graves inconvénients ;
des inconvénients d'ordre économique et social d'abord :
l'usufruitier sachant que le bien qu'il possède retournera
un jour au nu propriétaire, ne l'administre pas toujours
comme il le ferait de sa propre chose. D'où une dépréciation de la valeur de ce bien, qui est encore accrue par la
difficulté qu'on a à le mettre dans la circulation. Le nu
propriétaire lui-même qui *tenetur in non faciendo non
in faciendo*, augmente aussi souvent lui-même par son
inaction la dépréciation de ce bien. D'autres inconvé-

l'expiration du temps pour lequel il a été accordé (art. 617 C. Civ.)
puisqu'il n'est jamais déféré *ad diem*. — Quant à la renonciation,
nous avons vu plus haut, en étudiant l'acquisition du droit, ce qui
la concerne.

nients tiennent aux difficultés qu'auront les héritiers à
la liquidation de la succession entravée par cet usufruit.
Comme le faisait fort bien remarquer M. Bernard devant
le Sénat (1) : « S'il y a des dettes dans la succession, il
faudra vendre les immeubles pour les payer, mais s'ils
sont grevés d'un usufruit, ils se vendront fort mal au
grand détriment de la succession. Il faut (et la commission qui l'a compris a déjà essayé de remédier à ce mal),
il faut, dis-je, pouvoir, avant de vendre, dégrever autant
que possible les immeubles en procédant au rachat de
l'usufruit. »

140. Étant donné que l'on admettait le droit de succession en usufruit, que pouvait-on faire pour remédier à
ses inconvénients ? La Cour d'appel de Bordeaux avait
proposé de limiter l'usufruit aux meubles, pour lesquels
les inconvénients que nous venons de signaler, ont évidemment moins d'importance. Mais il y a des successions
dans lesquelles la fortune mobilière constitue une très
petite portion qui risquerait d'être insuffisante pour assurer au conjoint la jouissance de droits sérieux. La Commission du Sénat avait été d'avis de « convertir l'usufruit de l'époux en *pension* équivalente ». Mais qu'aurait
été cette pension ? Quelque chose comme la pension alimentaire du conjoint pauvre ? Or, c'est ce que l'on ne
voulait pas, le droit de succession du conjoint n'ayant à
aucun degré ce caractère d'aumône, que le mot proposé

(1) *Journ. Off.*, 10 mars 1877, p. 1815.

risquait de lui donner. Et, sur les observations de
M. Léon Clément, le Sénat adopta le rachat que proposait
M. Bernard, rachat effectué au moyen d'une rente viagère
équivalente, en laquelle l'usufruit pourrait être converti ;
et la loi porta : « jusqu'au partage définitif, les héritiers
peuvent exiger, moyennant sûreté suffisante, que l'usufruit de l'époux soit converti en une rente viagère équivalente. »

141. Remarquons tout de suite, qu'il ne s'agit ici que
de l'usufruit que le conjoint acquiert par la succession et
non pas d'un usufruit conventionnel, acquis par contrat
de mariage, par exemple. Sans doute, l'usufruit conventionnel portant sur une part du patrimoine et non sur des
objets déterminés, peut avoir les mêmes inconvénients,
mais il y a la volonté du défunt qu'il faut respecter (1). Il
est vrai qu'on pourrait dire que lorsque la quotité de
l'usufruit conventionnel est absolument la même que celle
de l'usufruit de la loi, l'intention du prémourant était
peut-être tout simplement de montrer son admiration
pour l'œuvre du législateur et sa conformité de vues avec
lui (2) ; et que, dans ce cas, si l'intention est évidente on
pourrait admettre la conversion. Malheureusement pour
ceux qui soutiennent cette opinion, les termes de la loi
de 1891 sont formels, et n'admettent aucune distinction :

(1) Cf. Travaux préparatoires, Gerbault et Dubourg. *Op. cit.*
p. 276.
(2) Cf. *Revue du Notariat,* 1895. Bouvier-Baugillon, p. 241.

ils ne sont certainement relatifs qu'à l'usufruit de la succession *ab intestat*.

142. Il est important de savoir lequel de l'intérêt général ou de l'intérêt des héritiers l'a emporté dans l'esprit du législateur qui a créé la conversion, car si c'est l'intérêt général, c'est une disposition d'ordre public à laquelle on ne saurait déroger par des conventions particulières, et, dans le cas contraire, on pourrait interdire la conversion, ou enlever aux héritiers leur droit d'option. Or, c'est à n'en pas douter une disposition d'ordre public. La faculté accordée aux Tribunaux de prononcer cette conversion en cas de désaccord des héritiers le prouve surabondamment. Le Tribunal, seul juge en ce cas de l'opportunité de la conversion, aura égard, pour rendre sa sentence, à la nature des biens sur lesquels doit porter l'usufruit : en général il ne la prononcera que si l'usufruit porte sur des immeubles dont la libre négociation serait rendue très difficile par cette servitude, tandis que s'il porte sur des meubles, les conséquences en seront moins nuisibles.

Dans tous les cas, il est certain que l'on n'a pas eu en vue l'intérêt direct du conjoint, car la loi ne lui donne pas le droit d'exiger la conversion. On a voulu tirer un argument en sens contraire, des termes de la loi qui accorde cette faculté « aux héritiers ». Le conjoint, dit-on, est héritier du defunt. Mais pour enlever toute valeur à cet argument il suffit de faire remarquer que le conjoint n'est pas un héritier mais bien un successeur irrégulier.

Du reste, M. Piou, dans son rapport à la Chambre des députés, pouvait dire sans être contredit que la faculté de conversion n'était pas réciproque.

143. Le défunt ne peut donc priver les co-héritiers de leur droit d'option en interdisant toute conversion. Quelle est exactement la nature de cette conversion? Il y a un fait certain, c'est que c'est un incident du partage. Point n'est besoin de le prouver autrement que par le texte même de la loi : « Jusqu'au partage définitif les héritiers peuvent exiger moyennant suretés suffisantes que l'usufruit de l'époux survivant soit converti en une rente viagère équivalente. S'ils sont en désaccord la conversion sera facultative par les Tribunaux ». Les mots « jusqu'au partage définitif » ont besoin d'être expliqués. Ils ne doivent pas s'entendre ici par opposition à « partage provisionnel », mais bien dans le sens de partage sur lequel on ne peut plus revenir. Ainsi un partage bien que définitif peut être rescindé ; en ce cas on pourra encore demander la conversion. Dans les travaux préparatoires, on avait proposé d'établir un délai (un an à partir du décès) après lequel la conversion ne pourrait plus être faite. C'était dans l'intérêt du conjoint qui pouvait éprouver un préjudice lorsque les co-héritiers le laissaient ignorer si l'usufruit lui serait accordé ou si une rente viagère lui serait servie. Mais, comme l'on fit observer qu'un moyen bien simple s'offrait au conjoint pour sortir de l'incertitude si elle lui était préjudiciable, la demande en partage, on n'introduisit pas ce délai dans la loi.

144. En fait, lorsque les héritiers profitent de la faculté de conversion, le conjoint passe par deux situations successives. Il est d'abord usufruitier, il devient ensuite crédi-rentier. Est-ce que, une fois la conversion faite, on doit maintenir les deux situations, ou bien la première disparaît-elle rétroactivement? Les intérêts que soulève cette question sont de deux sortes, les uns civils : quel sera le sort des actes passés par l'usufruitier? les autres purement fiscaux. C'est à ce dernier point de vue que la question s'est surtout présentée. La circulaire du Directeur de l'Enregistrement du 6 juin 1891, au sujet de l'effet rétroactif de la conversion en rente viagère, annonçait que : « tant que la jurisprudence n'aura pas déterminé, sur ce point important, le caractère et les effets de la loi nouvelle, l'Administration croit devoir admettre que l'impôt de mutation par décès doit toujours être liquidé suivant les règles spéciales aux transmissions d'usufruit. Il paraît, en effet, résulter du texte de la loi du 9 mars 1891 que le droit reconnu par le légistateur à l'époux survivant sur la sucession de son conjoint consiste avant tout dans un usufruit en nature. » Et cette interprétation avait de l'importance, car c'était faire payer au conjoint le droit de mutation pour l'usufruit et ensuite un nouveau droit pour la constitution de rente. Depuis, l'instruction générale du 8 juillet 1895 est revenue sur cette théorie trop conforme aux intérêts du Trésor, mais peu soucieuse de ceux du conjoint, et la rétroactivité est désormais admise,

145. Examinons la question au point de vue civil. Tout d'abord une hypothèse paraît être hors de toute discussion, c'est celle où la conversion a été faite avant la demande en délivrance. Cependant il n'y a là qu'une apparence, et la question subsiste, car légalement le conjoint est titulaire de l'usufruit dès le jour de l'ouverture de la succession, et la délivrance, qui lui accorde cette sorte de saisine judiciaire, ne la lui accorde qu'au point de vue de la possession et non au point de vue du droit en lui-même dont il est titulaire depuis le décès. Donc la question se pose, qu'il y ait eu ou non demande en délivrance, antérieurement ou non à la conversion. Il s'agit de savoir, si rétroactivement le droit d'usufruit est résolu. On peut voir dans la conversion en rente viagère l'effet soit d'une obligation alternative de la part des héritiers, soit d'une obligation facultative. D'après la première opinion, les héritiers doivent au conjoint soit l'usufruit, soit la rente à leur choix : ils ont deux modes de partage à leur choix. Si donc ils choisissent la rente viagère, ce sera la rente viagère qui aura toujours été due ; s'ils optent pour l'usufruit ce sera toujours ce dernier qui aura été dû. Ce système aboutit à la rétroactivité et c'est bien ainsi que la loi de 1891 semble présenter les choses.

146. Ceux qui conçoivent la conversion comme le résultat d'une obligation facultative n'admettent pas la rétroactivité ; ils disent : ce qui est dû, c'est l'usufruit, la rente viagère n'est que *in facultate solutionis*. A notre avis, aucune de ces deux explications n'est satisfaisante,

car le conjoint n'est pas, tout au moins avant la conversion, un créancier des héritiers, il est titulaire d'un droit
d'usufruit, droit réel et non droit de créance. La vérité,
c'est que la conversion est un incident du partage, c'est
un partage partiel fait dans l'intérêt des héritiers et qui
met fin à l'indivision. Et par application de l'art. 883,
elle aura lieu rétroactivement : les actes passés par le
conjoint relativement à son usufruit seront annulés car
il est censé n'avoir jamais été usufruitier.

Quelles sont les conséquences de cette idée que la
conversion en rente viagère est un partage? Comme tout
co-partageant, le conjoint a le privilège de l'art 2109
sur les biens de chaque lot, ou sur le bien licité pour sa
rente viagère qui est une soulte de partage. Mais en
dehors de cette garantie la loi exige que les héritiers lui
fournissent des sûretés suffisantes. Ces sûretés sont pour
lui la contre-partie de celles que les art. 769 et suivants
lui imposent pour garantir aux héritiers la restitution
éventuelle des biens qu'il aurait injustement recueillis.
Elles seront fixées par le tribunal qui en demeure le sou-
verain appréciateur. Ce sera par exemple une caution
solvable, ou bien la vente des meubles sera ordonnée et
le prix en provenant sera placé en valeurs dont les revenus seront affectés au paiement de la rente. Le conjoint
naturellement peut déclarer s'en rapporter à la bonne
foi des héritiers, et n'exiger aucune sûreté. Comme cette
mesure n'est prise que dans son intérêt rien ne l'empêche d'y renoncer. Le conjoint n'aurait pas le droit, à

notre avis, de demander la séparation des patrimoines. Car il n'est pas créancier de la succession mais créancier des héritiers. Et en vertu de l'art. 881, ce droit lui est refusé. C'est dans un ordre d'idées analogue que, lors des travaux préparatoires, on a décidé de remplacer par les mots *rente viagère*, le mot *pension* qui avait d'abord été proposé au Sénat et qui, rappelant la pension alimentaire, aurait pu faire croire à une sorte de créance du conjoint contre la succession. Or il n'en est rien.

147. Le droit en rente viagère doit être *équivalent* à celui que l'époux devait avoir en usufruit. Qu'entend-t-on au juste par cette équivalence ? Est-ce l'équivalence au jour du décès, ou bien est-ce l'équivalence perpétuelle, c'est-à-dire que, chaque année, il faudrait évaluer le revenu des biens qui auraient été affectés à l'usufruit et payer une rente équivalente à ce revenu variable? Nous ne croyons pas que ce soit une équivalence ainsi entendue, que la loi a eue en vue. Car la faculté de conversion est accordée afin de faciliter le règlement de la succession, et si l'on devait chaque année faire varier la rente suivant la plus ou moins-value des biens héréditaires, qui ne voit que ce serait une nouvelle source de contestations et de procès que le législateur a voulu éviter? On devra donc servir au conjoint une rente équivalente à la valeur de l'usufruit à l'ouverture de la succession.

148. Certains font intervenir ici l'idée de dation en paiement (1) pour justifier cette équivalence. Nous croyons

(1) Voy. Gerbault et Dubourg, *Op. cit.*, n° 201.

cette idée inexacte. Car l'obligation des héritiers doit se traduire par un paiement, soit en rente, soit en usufruit, et il n'y a, dans tous les cas, qu'un paiement au sens juridique du mot. Ils paient ce qu'ils doivent : il n'y a pas dation en paiement.

149. La capacité requise pour demander la conversion en rente viagère est celle requise pour le partage, autrement dit, une capacité très voisine de celle que la loi requiert pour aliéner (1). Le tuteur ne pourra, sans l'autorisation du conseil de famille, provoquer la conversion. (Application de l'art. 465). Le mari ne peut, sans le concours de sa femme, demander la conversion si l'usufruit porte sur des biens tombant du chef de celle-ci dans la communauté, tandis que s'ils ne tombent pas dans la communauté, il peut se passer de son concours. (Application de l'art. 818). Mais comme la plupart du temps il faudra donner des garanties (sûretés suffisantes), on exigera, pour provoquer la conversion, la capacité générale de s'obliger, ce qui exclut les mineurs, les interdits, les femmes mariées. — Enfin, en vertu de l'art. 822 du Code Civil, le Tribunal du lieu de l'ouverture de la succession sera compétent pour prononcer ou refuser la conversion, si les héritiers ne se sont pas mis d'accord.

SECTION II. — *Convol.*

150. En cas de nouveau mariage, l'usufruit du con-

(1) Cf. Baudry-Lacantinerie, II, 225.

joint cesse s'il existe des descendants du défunt. Telle est la dernière disposition de l'art. 767 : Par le convol tout droit successoral quelconque, excepté naturellement la propriété, que ce soit l'usufruit ou bien la rente viagère, disparaît pour le conjoint. Quelques auteurs ont voulu discuter la question de savoir si la rente était véritablement perdue du moment que la loi ne parle que de l'usufruit. Mais si le texte est silencieux, les mêmes motifs de déchéance ne s'en appliquent pas moins à celle-ci qu'à l'usufruit.

151. Quels sont les motifs qui ont fait admettre cette déchéance? Une première opinion, conforme à celle de l'auteur du projet et soutenue par différentes Facultés et Cours d'appel (1), consiste à dire : « les droits accordés à l'époux survivant sont fondés sur deux idées : 1° une idée d'intention présumée de testament du défunt fait par la loi ; 2° une idée de secours. Or, quand l'époux survivant se remarie, ces deux idées sont insuffisantes pour lui assurer le bénéfice des droits nouveaux. » Il est en effet à présumer que le défunt, s'il avait prévu le convol de son conjoint, n'aurait pas fait un testament en sa faveur, et que, bien plutôt du fond de sa dernière demeure, il maudirait l'époux infidèle. Quant au secours que le conjoint survivant est en droit d'attendre du mariage, même après sa dissolution, il cesse d'être nécessaire en présence d'une

(1) Facultés de Caen, Grenoble. Toulouse, Rennes, Cour de Nancy. *Voyez* Rapport Sébert.

nouvelle union par laquelle le conjoint s'assure lui-même une situation honorable. — Il y aurait donc là une sorte de pénalité imposée par le défunt. On a fait au conjoint une situation favorable dans l'ordre de la dévolution, afin qu'il puisse continuer à tenir son rang et que le deuil ne le précipite pas dans la misère. Il faut le punir s'il pourvoit lui-même à son sort, et la meilleure punition est de le replacer dans la situation où il aurait été sans les dispositions en sa faveur. La succession suivra donc sa dévolution ordinaire aux héritiers du sang. Quant au droit de propriété, comme l'époux ne l'a qu'en l'absence de successibles, il lui sera encore conservé par préférence au fisc.

152. Hâtons-nous de dire que nous ne partageons pas cette opinion. Pourquoi, en effet, voir dans la déchéance pour convol une punition? Depuis quand les secondes noces sont-elles interdites par nos lois. N'est-ce pas prêter au *de cujus* une jalousie posthume bien exagérée, que de croire qu'il veuille imposer à son conjoint un veuvage perpétuel, lequel veuvage ne peut avoir que des inconvénients au point de vue de la moralité et de la population? La loi a eu en effet un autre but, qu'elle s'est proposé de remplir chaque fois que l'occasion s'en est présentée (art. 386 *in fine*, 393 et suivants, 1098 du Code Civil) : C'est la protection des enfants du premier lit. Le législateur a craint, non sans raison, que la nouvelle situation qui leur était faite par le convol fût pour eux moins favorable que l'ancienne ; et il a voulu les protéger dans une

certaine mesure en retirant à leur profit l'usufruit à leur
père ou à leur mère remariés. On a voulu critiquer cette
explication en disant : les revenus appartiennent à l'usufruitier qui peut les dépenser même en état de veuvage.
Alors, pourquoi l'en priver lorsqu'il se remarie? Les revenus étaient destinés à être consommés en tout état de
cause, et les enfants n'y avaient aucun droit. Oui, sans
doute, il y a bien là une différence avec l'article 386, où
l'usufruit est grevé de charges (entretien et éducation des
enfants) qui risquaient de tourner au profit de la nouvelle
famille. Mais il se peut aussi que ces revenus n'aient pas
été dépensés, et alors ils auraient constitué un certain
capital qui serait tout de même parvenu, d'une façon ou
d'une autre, par dons ou par legs aux enfants, tandis
qu'ils seront vraisemblablement attribués à la nouvelle
famille. La nécessité de protéger les enfants du mariage
antérieur, existe donc bien, et suffit à justifier les
dispositions sur le convol sans faire intervenir l'idée de
peine.

Ces motifs s'appliquent, on le voit, aussi bien à
l'usufruit qu'à la rente viagère, et il n'y a pas de raisons
pour ne pas établir la déchéance dans les deux cas.

153. Quelles conditions sont exigées pour que le conjoint qui se remarie perde son droit successoral? Il faut
d'abord un nouveau mariage, et nécessairement un
mariage valable ; car ce n'est pas la célébration du
mariage, mais le mariage existant, qui peut entraîner des
conséquences fâcheuses pour les enfants du premier lit.

Donc, si le mariage est nul, pas de déchéance. On ne serait peut-être pas conduit à la même solution si l'on admettait l'idée de peine ; car alors, peu importe la validité du mariage ; le survivant est toujours infidèle. — Que penser du mariage putatif? On pourrait, puisque, en l'absence des textes, c'est sur les principes qu'il faut se guider, argumenter de l'article 201, pour dire que produisant des effets civils, il doit produire la déchéance. Mais c'est une subtilité juridique que nous ne saurions admettre. Le mariage n'existe pas, il n'y a donc aucune raison pour appliquer la déchéance. Il serait, du reste, bizarre que l'époux de bonne foi fût privé de son usufruit, et que l'époux de mauvaise foi le conservât !

154. Il faut, en outre, qu'il existe des descendants du défunt, et par descendants on entend les enfants et les petits-enfants légitimes et légitimés, non seulement les enfants communs, mais aussi les enfants d'une précédente union du défunt, ce qu'on n'expliquerait que difficilement avec l'idée de peine. Nous n'assimilons pas au point de vue des droits du conjoint l'enfant adoptif à l'enfant légitime (1) ; donc, sa présence ne privera pas le survivant de son usufruit. Quant à l'enfant naturel on ne saurait non plus l'assimiler au légitime, bien que la loi ne fasse pas ici la distinction. Car nous avons vu que, au point de vue de la quotité de l'usufruit, la loi de 1891

(1) Voir à ce sujet ce qui a été dit à propos de la quotité dans notre section II.

divise les héritiers en deux classes : les enfants légitimes
(parts au plus égales au quart), et les autres héritiers (la
moitié), c'est dans cette classe qu'est rangé l'enfant naturel. Du reste, il est juste de faire observer que s'il existe
des enfants légitimes, les adoptifs et les naturels profite-
ront de la déchéance. Les descendants légitimes doivent
exister au jour du convol et venir effectivement à la succession, c'est-à-dire n'être ni renonçants, ni indignes.
C'est du moins notre avis, bien que l'opinion contraire
soit aussi admise par la doctrine dans le silence de la loi.
Mais alors, pourquoi la déchéance? Ce serait revenir à
l'idée de punition que nous ne saurions admettre.

On décide généralement que la disposition finale de
l'article 767 n'est pas d'ordre public et que, par conséquent, le *de cujus* peut y déroger en faisant à son conjoint donation de sa part d'usufruit, pour le cas où il se
remarierait malgré la présence des descendants.

§ 4

Appendice.

155. Quelle est exactement la portée d'application de
la loi du 9 mars 1891, quant au temps d'abord, et quant
aux personnes ensuite? « La loi ne dispose que pour
l'avenir, elle n'a pas d'effet rétroactif. » L'art. 2 du Code
Civil reçoit ici une application, c'est-à-dire que les successions postérieures au 9 mars 1891, donneront seules
les droits spéciaux au conjoint survivant. L'on sait que

c'est au moment de la mort du *de cujus* que s'ouvre sa succession, c'est donc à ce moment qu'il faut se placer, pour apprécier les droits qui compètent au survivant.

156. L'art. 767 s'applique-t-il à la succession d'un étranger qui s'ouvre en France? Différentes doctrines ont pris naissance à ce sujet. D'après l'opinion généralement admise on distingue dans l'hérédité les meubles et les immeubles. On considère les meubles comme dépendant du statut personnel du *de cujus,* et on règle leur dévolution suivant les lois du pays auquel appartenait le *de cujus ;* quant aux immeubles situés en France, on argumente de l'art. 3 du Code Civil, pour leur appliquer la loi française. Ainsi, supposons que la succession d'un Anglais laissant des enfants légitimes s'ouvre en France. D'après la loi anglaise du 1ᵉʳ septembre 1890, la veuve a droit au montant de la succession jusqu'à concurrence de 12,500 francs. Elle prendra les meubles jusqu'à concurrence de cette somme, et sur les immeubles, elle jouira de l'usufruit du quart que lui accorde l'art. 767.

Savigny a soutenu avec éclat la thèse qu'il faut appliquer, à la succession entière, la loi du statut personnel du défunt. La succession forme un tout qu'on ne peut diviser en meubles et immeubles pour en fixer la transmission ; comme cette universalité n'a pas de situation locale, c'est la volonté présumée du défunt, qui ne peut être en l'absence d'indication que la loi de son pays, qui doit servir à régler la dévolution ab intestat. L'Institut de Droit International, dans sa session de 1886, a adopté une

résolution analogue. Mais dans l'état actuel de la jurisprudence, c'est le statut réel qui domine pour les immeubles.

Énfin l'art. 3 de la loi du 9 mars 1891 la déclare applicable à toutes les colonies françaises où le Code Civil
est en vigueur.

CHAPITRE II

157. Nous abordons maintenant l'étude des différentes lois spéciales qui, antérieurement à la loi de 1891, ont accordé des droits de succession au conjoint survivant et que nous avons déjà signalées plus haut (1). Toutes, à vrai dire, ne constituent pas également des droits successoraux *stricto sensu :* nous l'avons remarqué, et nous n'étudierons ici que celles de ces lois qui confèrent des droits soumis aux conditions suivantes : 1° ils ne naissent que par l'ouverture de la succession ; 2° seule, l'acceptation de la succession en confère la jouissance ; 3° le conjoint pour en jouir doit se faire envoyer en possession. A ces caractères, nous reconnaissons en effet les droits de succession.

C'est ainsi que les pensions accordées par différentes lois (2) à la veuve du titulaire d'un majorat, aux veuves des militaires ou des fonctionnaires publics, seront laissées

(1) Cf. *Supra*, p. 23.
(2) *Voy.* décrets 1er mars 1808, 4 mai 1809 ; loi 9 juin 1853 (art. 13 à 16) ; ordonnances des 18 avril, 11 mai 1821 et des 11-14 avril 1831.

de côté. Ces droits ne se trouvent pas en effet dans la
succession, mais ils sont accordés par l'Etat aux veuves
sous différentes conditions spéciales (telles qu'un mariage
ayant duré plus de six ans), que nous n'avons pas à examiner ici ; et ils n'ont à aucun degré le caractère des
droits énumérés au livre III, titre I, du Code Civil. Ce qui
se trouve dans la succession, ce sont les maigres écono-
mies, bien hypothétiques du reste, que le *de cujus* aura
pu faire sur sa pension s'il en était déjà titulaire au
moment de sa mort : et la dévolution en sera réglée par
l'art. 767 et les règles générales. Mais quant à la pension
en elle-même, le survivant qui y a droit ne saurait
l'obtenir par une demande d'envoi en possession formée
devant le tribunal civil de l'ouverture de la succession.
Il est titulaire uniquement d'une créance contre l'Etat.

158. Il n'en est pas de même de la loi du 14 juillet 1866
sur les droits d'auteur, et de la loi du 25 mars 1873 sur
la déportation à la Nouvelle-Calédonie. Ces deux lois établissent au profit du conjoint survivant de véritables
droits de succession. Outre que les droits conférés ont les
caractères indiqués plus haut, il résulte des travaux préparatoires (1), que le législateur a entendu par ces lois
apporter une dérogation à notre régime successoral.
M. Pouillet, du reste, dans son *Traité de la propriété
artistique et littéraire*, dans un chapitre intitulé « Dérogation à la loi des successions en faveur du conjoint sur-

(1) Cf. *Journal officiel*, 20 mars 1873.

vivant », écrit : « La loi nouvelle renversant l'ordre accoutumé des successions, a placé la veuve au premier rang. »

Nous allons donc étudier successivement ces deux lois puis nous verrons comment elles se combinent avec la législation générale de l'art. 767 qui constitue le droit commun.

§ 1er.

Loi de 1866 sur les droits des héritiers et ayants cause des auteurs.

159. Sur un point particulier, les critiques qu'avait suscitées la sévérité du Code Civil pour le conjoint survivant avaient amené de bonne heure des résultats : c'est en matière de propriété littéraire ou artistique. Cette propriété spéciale qui ne participe pas du caractère perpétuel de la propriété en général, a été, surtout depuis la Révolution, l'objet de règles propres destinées à permettre aux auteurs de recueillir les fruits de leurs œuvres et de lutter efficacement contre le plagiat et la contrefaçon. Un décret du 19 juillet 1793 relatif aux droits de propriété des auteurs d'écrits en tous genres, des compositeurs de musique, des peintres et des dessinateurs, attribuait à ceux-ci le droit exclusif pendant toute leur vie de vendre on de faire vendre leurs ouvrages sur le territoire de la République, et d'en céder la propriété en tout ou en partie. L'art. 7 du décret reconnaissait ces mêmes droits à leurs héritiers pendant un délai de dix années.

160, Puis le décret du 5 février 1810 (ce décret a été abrogé depuis dans son ensemble par l'art. 68 de la loi sur la presse du 29 juillet 1881) contenant règlement sur l'imprim::rie et la librairie, étendit à vingt ans le droit des enfants des auteurs et porta que la veuve de l'auteur jouirait pendant sa vie des droits consentis à son mari, *pourvu que les conventions matrimoniales le lui permettent.* On reconnaissait ainsi que la femme, confidente des pensées de l'auteur, si elle n'avait pas collaboré directement à ses œuvres, avait du moins contribué par ses soins et son dévouement à lui faciliter sa tâche, et qu'elle devait être préférée en conséquence aux héritiers sur cette partie de la succession. Déjà l'on avait reconnu que les droits d'auteur rentraient à titre de meubles dans la communauté. Le décret nouveau ne faisait donc que prolonger jusqu'à sa mort le droit pour la femme commune de les percevoir. Mais pourquoi subordonner le droit de la veuve à son contrat de mariage ? L'on ne voit pas bien pour quelle raison juridique, une femme mariée sous le régime de la séparation de biens serait moins digne qu'une autre mariée sous le régime de la communauté (1).

161. On ne tarda pas à s'apercevoir qu'il fallait ou

---

(1) La loi du 3 août 1844, dans son article unique, donne à la veuve d'un *auteur dramatique,* le droit de jouir de ses œuvres et d'en autoriser les représentations pendant 20 ans. Ce droit devint viager et fut accordé aux veuves de tout auteur ou compositeur par la loi du 8 avril 1854,

supprimer ce droit pour la femme commune, ou l'attribuer à toutes les femmes, sans faire de distinction suivant
le régime de leur contrat de mariage. Et c'est là une des
principales réformes que la loi du 14 juillet 1886, qui
constitue à l'heure actuelle la législation en vigueur, a
introduites. Elle est intitulée *loi sur les droits des héritiers et ayants cause des auteurs* et est ainsi conçue :

162. « Art. 1ᵉʳ. — La durée des droits accordés par
les lois antérieures aux héritiers, successeurs irréguliers,
donataires ou légataires des auteurs. compositeurs ou
artistes, est portée à 50 ans à partir du décès de l'auteur.

Pendant cette période de cinquante ans, le conjoint
survivant, quel que soit le régime matrimonial, et indépendamment des droits qui peuvent résulter en faveur de ce
conjoint du régime de la communauté, a la simple jouissance des droits dont l'auteur prédécédé n'a pas disposé par
acte entre vifs ou par testament.

Toutefois, si l'auteur laisse des héritiers à réserve, cette
jouissance est réduite au profit de ces héritiers, suivant
les proportions et distinctions établies par les art. 913 et
915 du Code Napoléon.

Cette jouissance n'a pas lieu lorsqu'il existe, au moment du décès, une séparation de corps prononcée contre
ce conjoint ; elle cesse au cas où ce conjoint contracte un
nouveau mariage.

Les droits des héritiers à réserve et des autres héritiers ou successeurs, pendant cette période decinquante

ans, restent d'ailleurs réglés d'après les prescriptions du Code Napoléon.

Lorsque la succession est dévolue à l'Etat, le droit exclusif s'éteint sans préjudice des droits des créanciers et de l'exécution de traités de cession qui ont pu être consentis par l'auteur ou par ses représentants.

Art. 2. — Toutes les dispositions des lois antérieures contraires à la loi, sont et demeurent abrogées. »

163. Indépendamment des dispositions relatives aux droits des héritiers réservataires et à la séparation de corps et au convol, dispositions qui sont communes à la loi du 14 juillet 1866 et au nouvel article 767, la loi de 1866 consacre certaines innovations importantes, sur lesquelles il est bon d'insister.

A. En étendant uniformément à cinquante ans après leur mort, la durée des droits des auteurs, qui autrefois variait suivant qu'ils avaient ou non des héritiers, la loi a surtout eu en vue de permettre aux auteurs d'obtenir un prix sérieux, lorsqu'ils étaient obligés de recourir à une cession de leurs droits. Sous le régime du décret du 5 février 1810, un auteur qui faisait cession de ses droits ne pouvait le faire dans des conditions avantageuses que s'il avait des héritiers, ce qui prolongeait de vingt ans, le délai à l'expiration duquel ses œuvres tombaient dans le domaine public. S'il n'avait pas de postérité, il ne pouvait vendre ses droits, et dans tous les cas il était la proie facile de spéculateurs peu scrupuleux, Le nouveau délai de cinquante ans remédie dans une certaine mesure à ces incon-

vénients ; il sera le plus souvent plus que suffisant pour
que le survivant jouisse des droits jusqu'à la fin de ses
jours. Mais il pourra arriver, si l'auteur est mort alors
que son conjoint était encore très jeune, que ce dernier vive
plus longtemps que les cinquante années de privilège ; en
ce cas, doit-on dire que le délai sera prolongé de façon à
ce que la jouissance du survivant soit viagère comme
sous le décret de 1810? Rien dans la loi n'autorise une
pareille interprétation. Les termes s'y opposent même
formellement.

164 *B*. Une seconde innovation et non des moindres,
résulte du remplacement des mots « la veuve » par « le
conjoint survivant ». Jusqu'à cette loi, le mari survivant
était privé des droits d'auteur de sa femme. On trouvait
probablement, qu'ayant eu le plus souvent pendant toute la
durée du mariage l'administration des biens de sa femme,
il était inutile de lui donner de tels droits ; peut-être aussi
n'avait-on pas pensé aux femmes auteurs. Mais les illus-
tres exemples de Mme Guizot, de Mme de Rémusat, de
Mme de Girardin, de George Sand et de tant d'autres, ne
pouvaient laisser indifférent le législateur de l'Empire (1),
et l'on accorda les droits de successions au veuf comme à
la veuve.

165 *C*. Par les mots « quel que soit le régime matri-

_____

(1) Le rapporteur de la proposition, M. Perras, s'exprimait
même à ce sujet, devant le Corps législatif, d'une façon assez im-
prévue en disant : « Nous vous proposons, Messieurs, l'abrogation
de la loi Salique dans la République des lettres. »

monial », la loi de 1886 mettait fin aux controverses qui avaient partagé les commentateurs sur le point de savoir s'il fallait que le contrat attribuàt explicitement ses avantages, ou bien si la communauté de biens les attribuait implicitement. Désormais le régime matrimonial n'aura plus aucune influence sur cette succession spéciale.

166 *D*. Un dernier caractère distinctif de la loi, qui se retrouve aussi dans la loi sur la déportation, est que, contrairement au principe de l'article 732, qui dit que la loi ne tient pas compte de l'origine des biens pour en régler la dévolution successorale, il existe deux successions bien distinctes : celle au droit d'auteur et à la concession de terre (réglée par ces deux lois) et celle aux autres biens (réglée par les principes généraux.)

167. On peut se demander quel est le sens exact du mot *jouissance* dont se sert l'article 1ᵉʳ de la loi du 14 juillet 1866, pour qualifier l'usufruit du conjoint; et de nombreuses controverses auraient pu se produire si le rapporteur de la loi, M. Perras, n'avait pris soin d'expliquer lui-même que c'était bien un véritable droit d'usufrnit que la loi nouvelle entendait accorder au conjoint, et que si l'on avait cru devoir remplacer le terme précis *d'usufruit* par celui plus vague de *jouissance*, c'était afin d'éviter au conjoint l'obligation de payer les droits de mutation. Mais, malheureusement pour celui-ci, le directeur de l'Enregistrement, soucieux des intérêts du fisc, n'a pas suivi le législateur dans cette voie, et l'usufruit du conjoint est assujetti à la taxe de 3 0/0.

Qu'est-ce au juste que cet usufruit ? Consiste-t-il dans l'usufruit du capital des éditions publiées jusqu'à l'expiration des cinquante ans ? Ou bien le conjoint n'aura-t-il droit qu'au produit de la vente de ces éditions ? Nous adopterons le premier système comme plus conforme au texte de la loi qui donne, au survivant la jouissance des droits d'auteur, et non pas seulement, la jouissance du produit de ces droits. Il en résulte que l'époux, « à la fin de son usufruit devra seulement, restituer le droit même de propriété littéraire, tout en conservant le produit intégral de toutes les éditions parues » (1).

168. Le droit du conjoint survivant porte-t-il sur les œuvres éditées par les héritiers ? Autrement dit sur les œuvres posthumes ? Aucune raison à notre avis ne permet de répondre à cette question négativement (2). Les

---

(1) Cf. Degand, *Successions entre époux*, p. 216.

(2) Telle n'est pas l'opinion que soutient M. Pouillet, dans son *Traité de la Propriété artistique et littéraire :* se fondant sur le décret du 1er germinal an XIII, il attribue aux héritiers un droit exclusif sur les manuscrits inédits de l'auteur défunt : il est vrai que, par une subtile distinction, il reconnaît que la loi de 1866 accorde au conjoint survivant son droit de jouissance lorsqu'il s'agit d'*œuvres d'art* posthumes. Cette manière de voir nous semble péremptoirement réfutée par MM. Baudry, La Cantinerie et Wahl, qui s'expriment ainsi : « La loi de 1866 ne fait aucune dis-
« tinction ; on ne peut du reste refuser au conjoint survivant un
« droit d'usufruit sur les manuscrits publiés depuis le décès, qu'en
« accordant aux héritiers un droit de pleine propriété sur les
« mêmes manuscrits. Or c'est après avoir fixé la durée des droits
« des héritiers, que la loi de 1866 règle la situation du conjoint

dispositions de la loi sont générales. et s'appliquent à toutes les œuvres du défunt sans distinction. Lors donc que les héritiers font éditer un manuscrit, ils savent que tant qu'il ne s'est pas écoulé cinquante ans depuis la mort de l'auteur, les bénéfices de l'édition seront pour le conjoint, auquel son droit d'usufruit permet d'exiger tous les actes nécessaires à son exercice, notamment l'impression des œuvres posthumes. (Cf. Gerbault et Dubourg *op. cit.* N° 138).

169. En dehors des points particuliers que nous venons d'examiner, les règles du nouvel art. 767 s'appliquent aussi au conjoint survivant d'un auteur. C'est ainsi que, pour qu'il vienne à la succession, l'époux devra justifier d'un mariage valable et existant; que les biens dont

---

« survivant; et elle s'exprime ainsi: « *Pendant cette période.....* »
« C'est dire de la manière la plus évidente, que les droits du con-
« joint sont corrélatifs à ceux des héritiers, et s'exercent sur la
« totalité de la propriété artistique et littéraire. En vain dira-t-
« on que les manuscrits non publiés appartiennent aux héritiers
« en vertu d'un droit propre, et que les bénéfices leur appartien-
« nent comme fruits de la publication, c'est-à-dire d'un acte per-
« sonnel. Ces deux propositions contiennent, la première, une
« pétition de principes, la seconde, une erreur. Tout d'abord en effet,
« rien ne prouve que les manuscrits soient propres aux héritiers :
« comme objets matériels, le conjoint n'y a sans doute aucun
« droit; mais la valeur intellectuelle qu'ils représentent est attri-
« buée en usufruit au conjoint par la loi de 1866 elle-même. En
« second lieu il est inexact que les bénéfices proviennent de la
« publication : la publication est la condition des bénéfices, elle
« n'en est pas la cause efficiente ; les bénéfices sont produits par
« le livre. » (Baudry et Wahl, *Successions*, I, n° 790).

le défunt a disposé par acte entre vifs ou testamentaire échappent au survivant, car celui-ci n'a pas de réserve.

Enfin, il doit se faire envoyer en possession car il n'a pas la saisine.

Les causes de déchéance de l'usufruit des droits d'auteur sont les mêmes que celles que nous avons étudiées à propos de l'art. 767. Il y a cependant pour la loi de 1866, deux particularités, la première consiste en l'expiration de l'usufruit, cinquante ans après la mort de l'auteur, la seconde résulte de ce que l'usufruit de la loi de 1866 cesse en cas de convol sans distinguer, comme pour le conjoint ordinaire, s'il existe ou non des descendants. Cette dernière restriction plus libérale et qui change complètement le caractère de la disposition, n'a été ajoutée que dans la loi de 1891, et ne peut s'appliquer aux droits d'auteur.

§ 2.

Loi du 25 mars 1873 qui règle la condition des déportés à la Nouvelle-Calédonie

170.   Tous les pays qui possèdent un empire colonial ont reconnu les avantages qu'il y a à faire de certaines colonies moins favorisées que d'autres au point de vue agricole, des colonies pénales. Ils y envoient les malfaiteurs condamnés aux travaux forcés ou à la déportation, et réussissent ainsi à débarrasser la mère-patrie d'individus dangereux en les employant à d'utiles travaux de défri-

chement et de culture. C'est ce que les Portugais ont fait
depuis longtemps dans leurs colonies de l'Afrique occi-
dentale, les Anglais en Australie, les Russes en Sibérie.
La France, en faisant de la Guyane et de la Nouvelle-
Calédonie des colonies pénales, a voulu atteindre le même
but. Mais on ne tarda pas à reconnaître que l'individu
isolé, sans aucun lien avec ses co détenus n'apportait à
son travail que le minimum d'énergie exigé par ses sur-
veillants, et que, sans la famille, il n'y avait pas de colo-
nisation possible. De plus, de puissantes raisons enga-
geaient le législateur à favoriser les femmes et les enfants qui voudraient suivre dans la colonie leurs parents
condamnés. N'est-il pas à craindre que ces êtres faibles,
livrés à eux-mêmes après le départ de leur mari ou de
leur père, ne puissent vivre honnêtement; et, comprenant mal la peine qui les frappe, ne s'aigrissent et devien-
nent un danger pour la société? C'est de ces considérations qu'est née la loi du 25 mars 1873, qui règle la condition des déportés à la Nouvelle-Calédonie. Encourager
de nouvelles unions dans les colonies, engager la femme
du déporté à le suivre dans sa nouvelle demeure, voilà
quelle était l'intention du législateur. Comment y est-il
parvenu? 1° en autorisant des concessions de terres pro-
visoires ou définitives aux déportés; 2° en modifiant au
profit du conjoint survivant qui habite la colonie l'ordre
de la dévolution successorale. C'est ce dernier moyen que
nous allons examiner.

171. L'article 13 de la loi s'exprime ainsi : « 1° Si le

concessionnaire vient à mourir après que la concession a
été rendue définitive, les biens qui en font partie, seront
attribués suivant les règles du droit commun aux héritiers ; néanmoins, dans le cas où il n'existerait pas d'enfants légitimes ou autres descendants, la veuve, si elle
habitait avec son mari, succédera à la moitié en propriété,
tant de la concession que des autres biens que le déporté
aurait acquis dans la colonie. En cas d'existence d'enfants légitimes, ou autres descendants, le droit de la
femme ne sera que d'un tiers en usufruit.

2° .....

3° Un règlement d'administration publique détermi-
nera les conditions de l'envoi en possession de la femme
et de la liquidation des biens appartenant aux déportés
dans la colonie. »

L'art. 14, décide que les dispositions précédentes sont
applicables à l'époux de la femme déportée.

172. Quelle est donc la situation du conjoint survivant
dans le cas spécial de la loi de 1873 ? Tout d'abord, il
résulte du 3e alinéa de l'art. 13, que le conjoint survivant n'est pas un héritier, mais bien un successeur
irrégulier. En effet un amendement déposé par MM. Humbert et Jules Favre, tendant à accorder au conjoint la
saisine afin d'éviter les longueurs et les frais d'une
demande d'envoi en possession, fut repoussé par la commission qui jugea inutile de faire au droit civil une
pareille dérogation ; et l'Assemblée confia à un règlement
d'administration publique, le soin de fixer des mesures

moins compliquées, pour permettre au survivant d'entrer en possession de la concession, de laquelle, du reste, il sera presque toujours effectivement saisi, puisqu'il l'habitera, mais sans l'affranchir de la demande d'envoi en possession (1).

C'est donc à titre de successeur irrégulier que le conjoint du déporté recueille une partie de la succession du défunt. Quelles sont les conditions d'exercice de ce droit ?

173. En dehors des conditions de droit eommun, la loi du 25 mars 1873 en exige une nouvelle : la cohabitation (art. 13, al. 1). Qu'est-ce au juste que cette condition ? On exige pour que le conjoint jouisse de la succession de faveur de la loi, non seulement qu'il soit venu résider dans la colonie où le *de cujus* subissait sa déportation, mais encore que, vivant en bonne harmonie avec lui, il ait jusqu'à son dernier jour, partagé la même demeure. Devant l'Assemblée Nationale MM. Bertault et Humbert proposèrent que cette condition de cohabitation, nouvelle dans nos lois, fût remplacée par l'absence de séparation de corps prononcée contre le conjoint. De cette façon, on mettait notre législation en harmonie sur ce point avec les autres lois spéciales, et on ne faisait pas supporter au conjoint non coupable la déchéance due à la séparation de corps si elle avait été prononcée contre

(1) Un décret fut signé en ce sens le 10 mars 1876, par le Président de la République.

le *de cujus*. L'Assemblée ne se rangea pas à cet avis, trouvant que la condition de cohabitation était plus conforme à la qualité des individus auxquels la loi s'appliquait, les demandes en séparation de corps n'étant pas chez les déportés aussi fréquentes qu'elles le sont en France. De même on ne crut pas nécessaire d'admettre la déchéance pour le cas de convol.

La loi de 1873 innove aussi en matière de quotité. Le conjoint qui n'a pas de descendants légitimes recueille la moitié de la succession en pleine propriété, et s'il en a, il ne recueille que le tiers en usufruit. Par descendants légitimes, on comprend aussi les enfants légitimés par mariage subséquent, suivant les principes généraux des successions.

TRANSPORTATION

174. Un décret du 18 janvier 1895, réglementant sur des bases nouvelles le régime des concessions accordées aux transportés dans les colonies pénitentiaires, et modifiant le décret du 4 décembre 1878, accorde au conjoint survivant d'un transporté des droits sur la concession analogues à ceux de la loi de 1873. Les raisons qui militaient en faveur du conjoint d'un déporté, ont engagé le législateur à étendre le même régime au conjoint d'un condamné aux travaux forcés. Ce décret n'exige que la résidence du conjoint dans la colonie et non la cohabitation.

§ 3

Combinaison de ces lois avec l'art. 767 du Code Civil.

175. Il reste à élucider un point très important. Ces
différentes lois que nous venons d'étudier et qui semblent
n'avoir été votées par le législateur, désireux d'améliorer
notre régime successoral, qu'en désespérant d'arriver à
une réforme générale, quel va être leur rôle en face du
nouvel art. 767, maintenant que les principes qui les ont
dictées ont triomphé d'une façon complète ? Dès le
1er avril 1890, presque un an jour pour jour avant que
le projet Delsol ne soit enfin voté, le journal *Le Droit*
publiait un article de M. Lyon-Caen sur cette question.
Dans cet article, le savant professeur demandait au Sénat
d'abroger purement et simplement les dispositions spéciales de la loi du 14 juillet 1866 sur les droits du conjoint survivant. « Alors, écrivait-il, que le conjoint survivant n'était préféré qu'à l'Etat, on conçoit que le législateur ait voulu profiter de ce qu'il s'occupait de la dévolution des droits de propriété littéraire ou artistique pour
faire à ce conjoint une situation très favorable relativement à ces droits..... Mais du jour où le système général
de nos lois est modifié, pourquoi conserver des règles
spéciales pour la propriété littéraire ou artistique ? »

176. Une solution différente avait été proposée devant
le Sénat par M. Bozerian. L'honorable sénateur, dans la

séance du 2 décembre 1890, avait déposé un amendement
ainsi conçu : « La loi du 14 juillet 1866, sur les droits
des héritiers et ayants cause des auteurs continuera
d'être appliquée. Si par suite de son application le conjoint survivant n'est pas entièrement rempli des droits
qui lui sont conférés par l'art. 1 de la présente loi (1), la différence sera complétée par une attribution à lui faite jusqu'à due concurrence sur les autres biens de la succession. » Cet amendement ne fut pas pris en considération,
sur les observations du rapporteur de la Commission, qui
faisait remarquer que la loi de 1866 était une loi spéciale et celle que le Parlement était en train de voter une
loi générale, modifiant un des articles du Code Civil ; et
qu'en vertu du principe que *generalia specialibus non
derogant*, on ne pouvait faire mention dans le nouvel
article 767 de la loi de 1866, pas plus du reste que des
autres lois analogues. « Ces lois spéciales continueront à
recevoir leur application ; si elles contiennent une dévolution successorale d'une nature spéciale pour une partie
des biens du défunt, cette loi de dévolution sera respectée ; mais quant au surplus de la succession, ce sont les
règles du Code Civil, modifiées désormais par notre loi,
qui devront recevoir leur application dans l'avenir (2). »

177. La solution proposée par M. Bozérian avait le
grave inconvénient de laisser subsister la loi de 1866, tout
en rendant inutiles ses dispositions relatives au conjoint

(1) Loi du 9 mars 1891.
(2) Cf. *Journal officiel*, 1890, p. 1106.

survivant, puisqu'on se rapportait uniquement d'après lui
à l'art. 767 modifié, pour 'fixer la quantité de biens sur
lesquels porterait l'usufruit du conjoint. On se demande
alors pourquoi l'on aurait conservé cette loi désormais
inutile. Mieux valait la supprimer comme le demandait
M. Lyon-Caen, ou bien alors la remplacer par le simple
art. suivant : les droits d'auteur durent cinquante ans au
profit des héritiers et du conjoint survivant non séparé
de corps.

178. Mais cette solution, non plus, ne devait pas être
adoptée. Quel était en effet l'esprit du projet Delsol ?
Avantager le conjoint survivant par le moyen d'une
dévolution successorale fondée sur l'affection présumée du
défunt. Or, il peut se faire que l'application de la loi de
1866 ou de celle de 1873, soit de beaucoup plus avantageuse pour le conjoint que l'application du nouvel
art. 767. Si le défunt n'a pour tout patrimoine que ses
droits d'auteur ; supposons qu'il ne laisse comme successibles, que des collatéraux, si l'on applique l'art. 767, le conjoint aura l'usufruit de la moitié des droits d'auteur, tandis
que la loi de 1866 lui donne la totalité. De même, supposons un déporté qui meurt, laissant des enfants légitimes,
et que sa succession se compose uniquement de la concession. D'après l'art. 767, le conjoint aura droit au quart
au plus en usufruit, tandis que par la loi de 1873, il
aura le tiers. Or, le projet Delsol avait pour but d'avantager le conjoint, non de le restreindre. C'est donc le
système proposé par le rapporteur M. Lecomte, le système

du cumul, qu'il faut appliquer. Et il n'y a pas lieu de craindre que le conjoint ne jouisse de droits trop considérables. En effet, vis-à-vis de réservataires, son double droit dans la succession ordinaire et dans la succession littéraire et artistique sera toujours limité à la quotité disponible, et souvent il sera restreint par les dispositions du défunt.

L'inconvénient subsiste, que signalait M. Lyon-Caen, de rompre l'ordonnance de notre Code Civil par des dérogations au principe fondamental de l'art. 732. Mais les plus beaux monuments juridiques, comme l'œuvre de 1804, ne sauraient rester éternellement immuables, et bien des principes sur lesquels ils reposent, doivent être modifiés avec les besoins d'une civilisation qui se transforme sans cesse; ces modifications, loin d'ébranler l'œuvre, la consolident au contraire. Il appartient au législateur témoin des nécessités sociales d'en assurer l'exécution.

TROISIÈME PARTIE

LÉGISLATIONS ÉTRANGÈRES

———

179. Nous avons vu qu'en dehors de la volonté de conserver les biens dans la famille, un des principaux motifs qui avait, pendant de longues années, empêché nos législateurs d'accorder au conjoint survivant un rang plus favorable que celui de l'art. 767, dans l'ordre de la dévolution successorale *ab intestat*, c'est-à-dire une part en propriété concurremment avec les héritiers du sang, avait été la crainte de créer, en rompant la chaîne de la consanguinité, un précédent fâcheux dont ne manquerait pas de se servir un jour ou l'autre, un Gouvernement dont les finances seraient gênées. Déjà, pense-t-on souvent, quelques jurisconsultes réclament contre la vocation héréditaire des collatéraux du 12e degré. La liberté de tester restant entière, disent-ils, on ne conçoit pas que la loi accorde la succession à des parents que le défunt n'a pour la plupart du temps jamais connus, et auxquels, pour peu qu'il ait des sentiments patriotiques, il préférerait cent fois la collectivité de ses conci-

toyens, c'est-à-dire l'Etat représenté par le Fisc. Nous
n'ignorons pas combien de pareils raisonnements sont à
craindre, et il n'y a pas lieu ici de discuter les droits
de l'Etat dans la succession ab intestat. Mais il peut être
intéressant de constater que les législateurs de pays voisins
du nôtre, n'ont pas toujours été hypnotisés par de pareilles
craintes, qu'ils ont su concilier, dans les conditions les
plus diverses, les droits acquis au lien du sang, et ceux
qui naissent de l'union conjugale créatrice de toute
parenté. Parmi ces pays, plusieurs ont traversé des cri-
ses financières et aucun n'a recouru au misérable procédé de modifier après coup le rang à partir duquel on
ne peut plus succéder. Tout au contraire, ils semblent
n'avoir qu'à se féliciter comme la France, depuis 1891,
d'avoir reconnu des droits aussi légitimes.

180. En passant en revue les législations étrangères
les plus intéressantes, nous pourrons remarquer ce
qu'elles ont pris à nos lois, et ce que nous pourrions
aussi leur emprunter ; car nous allons rencontrer presque
autant de systèmes différents que de pays. Et de cette
comparaison nous dégagerons l'ensemble des modifications que nous désirerions voir apporter à la loi du
9 mars 1891, de façon à donner au conjoint survivant
des droits véritablement en rapport avec les intérêts
opposés que suscite la venue d'un étranger dans la
famille par le mariage.

Un classement méthodique des différentes législations
étrangères suivant la nature des droits conférés par elles,

nous avait paru, tout d'abord, devoir attirer nos efforts.
Mais devant la variété considérable de ces droits, qui
nous aurait tout de même conduits à une énumération,
nous avons dû y renoncer ; et nous nous contenterons
d'examiner successivement les lois des différents pays en
commençant par ceux qui confèrent à l'époux les droits
les plus avantageux

§ 1er.

Allemagne. (1)

181. « On a admis de tout temps en Allemagne que
de l'association conjugale découle pour le survivant un
droit sur la succession du prémourant. De même que, au
moyen-âge, le droit saxon accordait à la femme la
« Gerade » (2) et le « Musstheil » (3) et au mari les biens
meubles délaissés par la femme, le droit allemand posté-
rieur garantit dans une infinité de statuts et de coutumiers,
au conjoint survivant, une part de la fortune du prémourant en sus de ses reprises ; cette part consiste tantôt en
un usufruit viager et en un droit spécial sur certains objets,
tantôt en une portion aliquote de la succession même. Lorsqu'il n'y a pas d'enfants ni de descendants, l'époux survi-

(1) Voy. *Projet de Code civil allemand.* Traduction française
de M. Meulenœre.
(2) Droit aux biens paraphernaux,
(3) Portion légitime qui ne pouvait être enlevée à la veuve.

vant prend sinon la totalité, du moins une part plus ou moins forte de la succession. En concours avec des descendants, il a généralement droit à une part d'enfant sans préjudice d'un usufruit sur le reste. Et la plupart des Codes n'admettent pas qu'il puisse être porté atteinte à ces divers droits par une disposition testamentaire du prémourant, ou du moins qu'ils puissent être complètement supprimés : une fraction a le caractère de réserve. »

182. Nous ne croyons pas pouvoir définir d'une façon plus exacte et en même temps plus succincte la législation allemande de droit commun sur le conjoint survivant, qu'en citant textuellement ces quelques lignes empruntées au Traité de Droit Civil Germanique de M. Lehr (1), et nous nous dispenserons d'une étude plus approfondie des dispositions des différents Etats qui composent l'Empire d'Allemagne. Car dès le début du xxᵉ siècle, elles n'offriront plus qu'un intérêt purement historique. En effet, poursuivant sur le terrain juridique l'œuvre d'unité accomplie sur les champs de bataille de 1866 et de 1870 le Reichstag a élaboré un vaste projet de Code Civil destiné à remplacer pour tout l'Empire les législations qui varient d'une ville à l'autre, et souvent d'une ville à ses faubourgs. Définitivement voté le 18 août 1896, le Code Civil allemand entrera en vigueur le 1ᵉʳ janvier 1900.

183. Quels sont les droits de succession qu'il attribue au conjoint survivant ? Suivant les principes du Landrecht

(1) Lehr. op. cit. II, 1450.

prussien et du Code Civil de Saxe de 1863, la dévolution
successorale ab intestat est fondée sur le système des
parentèles. On sait quel est ce système. On divise les successibles en différents groupes composés d'un auteur
commun et de toute sa postérité : c'est ainsi que la première parentèle est composée du *de cujus* et de ses descendants ; la deuxième parentèle, des père et mère du
de cujus et de leurs descendants ; la troisième est celle
des aïeuls, la quatrième celle des bisaieuls. On n'appelle
à la succession les individus de la deuxième parentèle
que si ceux de la première sont prédécédés, renonçants, ou indignes. De même pour la troisieme et la
quatrième, et ainsi de suite jusqu'à la sixième parentèle. La représentation n'est admise que dans les
deux premières parentèles. C'est ainsi que si le défunt
laisse son père et son frère ou bien son fils et un petit-fils,
la succession sera dans les deux cas partagée par moitié.
Tandis que s'il ne laisse que ses aïeuls paternels et des
descendants de ses aïeuls maternels (des collatéraux) toute
la succession sera dévolue aux aïeuls. Dans ce système,
c'est donc toujours le parent le plus proche en degré qui
hérite, excepté dans les cas où la représentation est admise.
L'affection présumée du défunt ne joue aucun rôle dans
cette dévolution uniquement réglée sur la consanguinité.
Comment le Nouveau Code combine-t-il ces dispositions
rigoureuses avec les droits naturels qui naissent pour le
conjoint de l'union matrimoniale ?

184. Les art. 1931, 1932, 1933 et 1934 du Code Civil

appellent à la succession, à titre d'héritier légitime, le
conjoint survivant concurremment avec les parents des
trois premières parentèles. Ils lui attribuent, en outre, le
droit de prélever, avant tout partage, ce qui fait partie des
cadeaux de noce, ainsi que ses effets et meubles personnels. Si le conjoint se trouve en face de descendants du
défunt, c'est-à-dire de parents de la première parentèle, il a
droit à la propriété du quart de la succession. Remarquons ici que la loi allemande ne distingue pas comme le
nouvel art. 767, suivant qu'il existe ou non des enfants
d'un premier lit. En tous les cas, les descendants du défunt, quels qu'ils soient, fixent invariablement la part du
conjoint survivant au quart de la succession.

Si les descendants sont prédécédés et que le conjoint se
trouve en présence de ses beaux-parents ou de beaux-
frères, belles-sœurs et leur postérité (2ᵉ parentèle) ou
bien de tous autres collatéraux, il a droit à la moitié de la
succession. A défaut d'héritiers légitimes, la succession
lui est déférée en entier.

185. Le Code n'admet comme cause, empêchant la
dévolution successorale du conjoint, que le divorce, en ce
qui concerne l'époux coupable. Il suffit même que le défunt ait intenté l'action en divorce ou même qu'il ait
simplement eu le droit de l'intenter, si la maladie ou la
mort sont venues l'arrêter, pour que le conjoint perde *ipso
facto* tous ses droits, même ceux au préciput des objets
personnels. Le convol n'a donc pas les mêmes effets que
dans le droit français, et les allemands ont su mettre à

profit les critiques qu'ont soulevées les diverses législations qui admettent cette cause de déchéance.

Le conjoint peut cumuler ses droits de succession tels
que nous venons de les déterminer avec sa part héréditaire si, se trouvant être parent, il est appelé aussi en
vertu de son rang. Le conjoint survivant a une réserve
qui est fixée à la moitié de sa part ab intestat dans les
différents, c'est-à-dire 1/8, 1/4 ou 1/2 de la succession.

186. Telles sont les règles du nouveau Code Civil. La
situation du conjoint en Allemagne, avec sa part fixée au
moins au quart de la succession en propriété sera une des
plus favorables parmi les législations modernes. Cette
conception très large des obligations qui naissent du mariage, corrige heureusement la rigueur d'un système de
dévolution, uniquement fixé sur l'arbre généalogique ;
donnera-t-elle satisfaction aux intérêts divers du conjoint
et des héritiers ? C'est ce que l'avenir nous apprendra.
Mais d'ores et déjà, nous croyons, qu'en n'appliquant pas
la déchéance en cas de second mariage, et en ne dimi-
nuant pas la part du conjoint, lorsqu'il existe des enfants
d'un premier lit, le Code a su assurer la protection des
enfants du *de cujus*, qui ne trouveront pas dans le conjoint survivant, un parâtre ou une marâtre indisposés
contre eux, par les réductions qu'ils lui auraient fait
subir avec le système de la loi française.

§ 2.

Autriche.

187. Le Code Civil Autrichien de 1811 s'honore d'avoir été le premier à reconnaître les droits successoraux du conjoint, à une époque où les législations les plus favorables, lui attribuaient tout au plus quelques secours en cas de pauvreté. Quelques années seulement après le Code Napoléon dont la regrettable lacune n'avait pas passé inaperçue, la loi de l'Autriche attribuait au conjoint des droits d'une quotité bien supérieure à ceux qu'il a fallu attendre en France jusqu'en 1891.

188. Suivant qu'il se trouve ou non en présence de descendants du défunt, l'époux survivant a des droits en usufruit ou en propriété sur la succession du prédécédé, Dans le premier cas, il a l'usufruit d'une part d'enfant légitime qui ne peut excéder le quart de l'hérédité. En présence d'ascendants ou de collatéraux ou d'enfants naturels, sa part est du quart en pleine propriété. S'il a reçu du défunt des libéralité entre vifs ou testamentaires, il doit les imputer sur sa part. Enfin, à défaut de parents au 6° degré, il est seul héritier. Le *de cujus* demeure libre de priver son conjoint de tout ou partie de sa succession par un testament au profit de successibles ou autres. C'est au conjoint à prouver qu'il est héritier et non séparé de corps.

§ 3.

Italie (1).

189. Le Code Italien qui, depuis le Ier janvier 1866, a aboli les anciens codes en vigueur dans la Péninsule, ne pouvait pas être défavorable au conjoint survivant. Les législations locales les plus sévères, le Code de Modène, le Code des Deux-Siciles, avaient maintenu le système des Novelles de Justinien, la quarte du conjoint pauvre ; le Code Sarde de 1837 avait établi tout un régime de succession avec attribution de parts en usufruit ou en propriété suivant le rang des héritiers qui se trouvaient en présence du survivant des époux. Il ne faut donc pas s'étonner de trouver le Code Civil Italien ayant réalisé de la plus équitable façon, une réforme que la France a attendue si longtemps.

190. Les droits de succcession ab intestat du conjoint survivant sont réglés dans les articles suivants :

Art. 763. — « Quand le défunt laisse des enfants légitimes, son conjoint survivant a droit à l'usufruit d'une portion héréditaire égale à celle de chaque enfant, en comptant le conjoint au nombre des enfants. — Si des enfants naturels concourent avec des légitimes, l'usufruit du conjoint survivant est d'une portion d'enfant légitime,

---

(1) *Code civil italien.* Traduction française de M. Huc.

sans que cette portion puisse excéder un quart de l'hérédité.

« Art. 754. — S'il n'y a pas d'enfants légitimes mais des ascendants, des enfants naturels, des frères et sœurs ou descendants d'eux, le tiers de l'hérédité est dévolu en toute propriété au conjoint survivant. Mais s'il concoure à la fois, avec des ascendants légitimes et des enfants naturels, il n'a plus droit qu'au quart de l'hérédité.

« Art. 755. — Si le défunt n'a laissé que des collatéraux, le conjoint recueille les deux tiers de l'hérédité. Mais si les collatéraux sont au delà du sixième degré, il recueille le tout.

« Art. 756. — Le conjoint survivant, en concours avec d'autres héritiers doit imputer sur sa portion héréditaire ce qu'il a acquis par conventions matrimoniales et gains dotaux.

« Art. 757. — Les droits de succession accordés au conjoint survivant sont refusés à celui contre qui le défunt a obtenu un jugement de séparation de corps passé en force de chose jugée.

« Art. 818. — La portion due à l'époux ne vient pas en diminution de la légitime appartenant aux ascendants légitimes ou aux ascendants ; elle forme une réduction de la part disponible.

« Art. 819. — Il est loisible aux héritiers d'acquitter les droits de l'époux survivant, ou bien moyennant la constitution d'une rente viagère, ou bien moyennant l'assignation des fruits de biens immeubles, ou de capitaux héréditaires, à déterminer d'un commun accord, ou par l'autorité judiciaire, eu égard aux circonstances du cas. Jusqu'à ce qu'il soit désintéressé de sa portion, l'époux survivant conserve sa part d'usufruit sur tous les biens héréditaires. »

191. On voit avec quelle sollicitude le Code Civil italien règle la dévolution successorale de l'époux survivant. En concours avec des enfants, il reçoit l'usufruit d'une part héréditaire sans qu'elle puisse excéder le quart ; mais dès qu'il se trouve en face d'héritiers des degrés subséquents, il recueille en pleine propriété une partie importante de la succession, le quart, le tiers, les deux tiers, suivant leur parenté; enfin, il prime tous ces collatéraux au delà du 6ᵉ degré. C'est bien là le testament que vraisemblablement le défunt aurait fait lui-même.

192. Quant aux facilités qui sont accordées aux héritiers pour le règlement des droits de l'époux, l'article 819 autorise, comme notre article 767, la conversion facultative en rente viagère, et il permet au tribunal saisi d'une contestation à ce sujet d'affecter les revenus d'un immeuble ou de toute valeur mobilière, offrant des garanties suffisantes, au paiement de ces droits. C'est, on le voit, concilier les intérêts du conjoint, entendus de la façon la plus large, avec ceux non moins respectables des héritiers.

La loi italienne oblige, d'autre part, le conjoint en concours avec des héritiers, à faire sur sa part ab intestat l'imputation de ce qu'il a acquis par « conventions matri-

moniales et gains dotaux ». C'est-à dire que si le contrat
de mariage accorde à l'un des époux certains avantages
personnels, tels qu'un préciput, par exemple, ils viendront
diminuer d'autant la part qu'il recueillera dans la succession de son conjoint. Mais si les époux sont mariés
sous le régime de la communauté, ce qui du reste est
très rare en Italie où le régime légal est celui de la séparation de biens, la part du survivant dans la communauté sera tout à fait indépendante de ses droits héréditaires. Il en sera de même de la dot. Il faut, croyons-
nous, entendre les mots « gains dotaux » comme
explicatifs des précédents « conventions matrimoniales ».

193. Mais la loi civile italienne va plus loin dans sa
sollicitude pour le conjoint survivant, en lui donnant
comme aux ascendants et aux descendants une « portion
légitime », autrement dit une réserve. Cette réserve n'est
jamais qu'en usufruit. En effet, le principal souci du législateur ayant été de se conformer à la volonté supposée
du défunt, le Code ne pouvait pas maintenir, à l'époux
indigne, un droit en propriété, alors que le défunt aurait,
par des dispositions testamentaires, manifestement indiqué la résolution de le priver de ses droits de succession.
Lors donc qu'en présence d'un testament, le conjoint survivant ne peut plus recueillir les droits que lui confèrent
les art. 753, 754 et 755, il trouve dans les art. 812 à 815,
l'attribution d'une légitime qui lui permettra pendant le
reste de ses jours de tenir encore dignement son rang.
L'usufruit qui constitue la portion légitime des art. 812

et suivants, varie suivant le degré de parenté des héritiers avec lesquels le conjoint est en concours.

S'il y a des descendants du défunt, il a droit à l'usufruit d'une part d'enfant, en se comptant lui-même au nombre des enfants (3 enfants = 1/4, 6 enfants = 1/7). S'il n'y a pas de descendants, mais des ascendants dans l'une ou l'autre ligne, l'usufruit sera du quart de la succession. Enfin, en concours seulement avec des collatéraux, le conjoint aura un tiers.

194.   On le voit, le conjoint survivant, en Italie, est à tous égards considéré comme un héritier légitime. L'art. 820 ajoute du reste : « l'époux survivant (et l'enfant naturel). pour les quotités d'usufruit et de propriété qui leur sont respectivement attribuées, jouissent des mêmes droits et des mêmes garanties que les légitimaires à l'égard de la légitime, sauf ce qui est établi par les art. 815 (1) et 819. Nous sommes bien loin du successeur irrégulier de l'art. 767.

Ajoutons que le veuf ou la veuve qui contracte un nouveau mariage, n'est pas pour cela déchu de ses droits de succession, hors le cas cependant où la veuve se remarie avant l'expiration des délais de viduité. Mais n'y a-t-il pas là, plutôt qu'une déchéance, une peine attachée à la violation de la loi ? Comme en France, la séparation de corps, en ce qui regarde celui contre lequel elle a été obtenue, est une cause de déchéance des droits successoraux. Mais lorsqu'elle a été prononcée par consentement mutuel les

(1) L'art. 815 concerne la légitime de l'enfant naturel.

droits subsistent. La législation italienne, on le sait, n'admet pas le divorce.

§ 4.

Suisse (1).

195. La législation successorale varie avec chacun des cantons qui composent la République Helvétique ; et les influences du Code Civil français et des Codes allemands, se retrouvent tour à tour dans les lois locales ; de sorte que les expériences les plus contradictoires ont pu être facilement exécutées, *in anima vili*, qui permettront un jour d'adopter, en toute connaissance de cause, le système qui présente le plus grand nombre d'avantages. Le Code de Zurich de 1889, est-il le résultat de ces expériences ? En tout cas c'est le dernier en date et celui qui offre le système le plus complet au point de vue de la dévolution successorale. Aussi, dans l'embarras où nous sommes de classer méthodiquement des législations aussi diverses, croyons-nous devoir examiner celui-là tout d'abord et nous verrons après en quoi les droits du conjoint diffèrent dans les autres cantons.

196. Le système de dévolution du Code de Zurich est celui des parentèles si fréquent en Allemagne ; et comme

(1) Cf. La Grasserie, *De l'ordre de la dévolution de la succession « ab intestat » chez les peuples de race germanique.*

l'a fait depuis, le nouveau Code Civil allemand exécu-
toire au xx° siècle, le Code de 1889, à côté des droits de la
consanguinité, a largement reconnu ceux qui naissent de
l'union conjugale.

Il a même fait plus : attribuant au contrat de fiançailles
une portée juridique qu'il n'a pas dans notre droit, il fonde
sur lui de véritables droits de succession au profit du
fiancé survivant. C'est ainsi que non seulement comme à
Glaris et à Schaffouse, le fiancé a le droit de reprendre les
cadeaux et menus objets qu'il avait donnés au prémourant et qui se retrouvent encore en nature dans sa succession, mais encore, si le prédécédé ne laisse pas d'enfants
légitimes, il hérite de 1/10 du patrimoine net, c'est-à-
dire défalcation faite des frais funéraires et des dettes.
Nous n'insistons pas davantage sur ces droits conférés
par l'article 898 du Code, car ils n'ont en somme qu'une
portée très minime, et n'ont guère que le caractère de
coutumes locales.

197. Les droits du conjoint sont plus importants et
sont fixés par les articles 901 et suivants. Ils concilient les
intérêts de la consanguinité et ceux du mariage en donnant au conjoint à choisir entre un usufruit très étendu et
un droit en propriété beaucoup plus restreint. En présence de descendants de la 1re parentèle, le conjoint a le
choix entre l'usufruit de la moitié de la succession et la
propriété du huitième. S'il opte pour la propriété, outre
l'usufruit légal sur les biens des enfants mineurs que lui
confère la puissance paternelle, il conserve encore la jouis-

sance de la moitié des biens dont les enfants majeurs ont hérité, et cela jusqu'à ce que tous aient atteint leur majorité ou se soient mariés. En face d'héritiers de la deuxième parentèle (père, mère, descendant d'eux), le conjoints a le droit entre la moitié de l'hérédité en usufruit ou le quart en propriété. En concours avec la troisième parentèle, il a droit à une moitié en propriété et à l'autre en usufruit, sans être obligé d'opter pour l'une ou l'autre. Enfin, en présence de parents plus éloignés, il a les trois quarts en pleine propriété et l'autre quart en usufruit. A défaut de parents successibles (quatrième parentèle), le conjoint survivant est préféré au fisc. Comment se calcule la masse héréditaire? l'article 897, nous apprend qu'avant de se livrer au partage entre les co-héritiers on déduit de la masse des biens: 1° les dettes; 2° les frais funéraires; 3° les frais de ménage pendant les trente jours qui suivent le décès; 4° le montant des mesures conservatoires. Ajoutons que le convol est pour le survivant la cause de la réduction de moitié de son usufruit.

198. Beaucoup de cantons, tout en n'ayant pas une législation aussi favorable au conjoints ont des dispositions successorales analogues. A Lucerne, dans le Tessin, le conjoint a l'usufruit du quart en présence de descendants, tandis qu'à Genève il a la moitié; en présence de parents plus éloignés, il a généralement un droit de propriété du quart ou de la moitié de la succession. A défaut de parents, il prend le tout.

199. Dans les Grisons et dans le canton de Schwytz, les

craintes qui ont empêché d'accorder en France un droit en propriété au conjoint survivant concourant avec des parents, ont aussi prévalu. L'usufruit, en présence d'enfants, est du tiers dans les Grisons, et de la moitié à Schwytz. Dans ce dernier canton, la femme est moins bien traitée que l'homme, car s'il y a des enfants, elle ne peut avoir plus que l'usufruit d'une part virile, n'ayant droit à la moitié qu'en cas contraire. Ces droits sont généralement diminués de moitié par le convol. Si le conjoint ne rencontre que des ascendants ou des collatéraux, son usufruit est des deux tiers dans les Grisons. La conversion en rente viagère est laissée à la liberté des parties. Ce n'est qu'à défaut d'héritiers venant effectivement à la succession, que le conjoint a un droit de propriété. La plupart des cantons reconnaissent, du reste, ce droit de notre ancien article 767 ; ce qui les distingue, c'est le rang à partir duquel on ne succède plus, et où par conséquent le conjoint hérite : A Fribourg, le conjoint vient après les parents du dizième degré. En Thurgovie, après ceux du huitième.

200. A Genève, le Code Civil Français était en vigueur jusqu'à la loi du 5 septembre 1874, qui a institué le régime successoral du conjoint. Aujourd'hui, en présence de descendants légitimes, l'époux survivant a droit jusqu'à son convol à l'usufruit de la moitié de l'hérédité. S'il n'y a pas d'enfants légitimes, mais des père, mère, frères, sœurs et leurs descendants, des enfants naturels, il prend un quart de la succession en pleine propriété. En présence

de collatéraux éloignés, la moitié, et à défaut de parents au 8ᵉ degré, le tout. Ces droits n'ont à aucun degré
le caractère de réserve, et le prédécédé peut l'en priver par
des dispositions entre vifs ou testamentaires. En ce cas, le
conjoint pauvre n'aura que le droit aux aliments de l'ancien article 205 du Code Civil.

201. Enfin, dans le canton de Berne, le conjoint survivant est rangé parmi les héritiers réservataires (*nother-
ben*); il est même au premier rang des successibles conjointement avec les enfants du défunt. Si ces derniers sont
prédécédés sans postérité, il est alors seul héritier. Voici
comment sont réglés ses droits en concours avec des enfants : Si c'est la femme qui prédécède, le mari hérite de
tout ce que la femme avait apporté en dot (voy. C. Civ.
Berne, art. 88 et 519); si c'est le mari qui prédécède, la
femme prend une part d'enfant (art. 523). L'époux qui
convole en secondes noces, doit rendre aux enfants la
moitié de ce qu'il a ainsi recueilli. Mais cette mesure ne
nous paraît pas être une garantie suffisante, puisque le
conjoint qui était propriétaire de ces biens, a pu les aliéner
et être devenu ensuite insolvable,

202. On voit par ce rapide examen que les législations des cantons suisses sont aussi différentes les unes
des autres qu'il est possible de l'imaginer. Arrivera-t-on
à une unification générale? C'est peu probable, chacun de
ces petits pays étant depuis longtemps fidèle à ses vieilles
coutumes. Il est néanmoins facile à prévoir que, dans un
avenir peu éloigné, les cantons les moins favorables au

conjoint suivront le courant général et imiteront l'exemple de Zurich, dont le Code civil est aujourd'hui le modèle dont la Suisse entière est jalouse.

§ 5

Russie (1).

203. Le code des lois russes, Svod Zackonow, publié pour la première fois en 1832, est composé de plus de 30.000 ukases qui forment l'ensemble de la législation de l'Empire. Le Xe tome de ce recueil contient les lois civiles et de procédure. Quels sont les droits du conjoint dans la succession ab intestat?

204. La loi russe établit une véritable succession réciproque entre époux, et ne distingue pas, suivant que le conjoint se trouve ou non en présence du défunt. Dans tous les cas elle le considère comme un héritier réservataire, et elle lui attribue 1/7 des immeubles et 1/4 des meubles. Mais son droit de réserve ne lui permet pas d'être préféré aux autres héritiers sur tout l'ensemble du patrimoine. Seuls les biens que le *de cujus* possédait avant son mariage, et non ceux qu'il a acquis depuis, sont affectés à cette réserve. Si le conjoint n'est pas rempli de ses droits par suite de l'insuffisance des biens patrimoniaux, et si la succession du père ou de la mère

(1) Voy. Lehr, *Législation civile russe*.

du *de cujus* n'est pas encore ouverte, il vient aussi plus tard à cette succession lorsqu'elle s'ouvre, dans les mêmes proportions qu'y serait venu le *de cujus* lui-même. En cas de mort civile ou de condamnation à une peine entraînant la perte des droits civiques, le conjoint du condamné exerce les mêmes droits que si la succession s'ouvrait par le décès.

Ces droits de succession, relativement assez étendus puisqu'ils s'exercent même en présence d'enfants, sont pour le conjoint une compensation au petit nombre d'avantages pécunaires qu'il retire du mariage. En effet, la communauté de biens n'existe jamais en Russie, et les donations entre époux sont entourées de formalités nombreuses qui les rendent fort peu fréquentes. Nous n'avons, du reste, pas à nous en occuper ici.

205. Les peuples de religion mahométane qui font partie de l'Empire Russe, chez qui la polygamie est admise, ont des règles successorales particulières. Toutes les femmes du défunt reçoivent conjointement un huitième de la succession s'il existe des enfants vivants du *de cujus* et le quart dans le cas contraire. Le partage se fait par tête.

206. Les provinces Baltiques ont aussi leurs coutumes spéciales. C'est ainsi qu'en Livonie, si la veuve a ou a eu des enfants, elle a l'usufruit viager de toute la fortune du prédécédé à moins qu'elle ne se remarie, ce qui lui fait perdre tous ses droits. Le veuf qui a des enfants hérite de tous les meubles et conserve l'usufruit des biens immobiliers jusqu'à la majorité des enfants. S'il n'a pas d'en-

fants il n'a que les meubles ; et sur les immeubles un
droit de deuil qui lui permet d'en jouir pendant environ
un an après la mort de sa femme.

§ 6

Belgique (1).

207. La Belgique semblait devoir demeurer le seul
pays où les errements de notre Code Civil, en ce qui touche le conjoint survivant, étaient définitivement suivis,
lorsque la loi du 20 novembre 1896 est venue modifier
cet état de choses. Cette loi, si l'on s'en rapporte à l'exposé
des motifs du Ministre de la Justice lui-même, n'est
qu'une première réforme destinée à attendre la refonte
générale du Titre des successions. En effet, tout en pro-
clamant qu'il conviendrait de placer le conjoint dans
l'ordre de la dévolution successorale après les collatéraux
rapprochés, le gouvernement Belge reconnaissait qu'il
fallait respecter l'édifice du Code Civil ; et il ne croyait
pas pouvoir faire plus pour le moment, que de tirer le
conjoint de la situation humiliante où le place l'art. 767.
Pour atteindre ce but, il a proposé aux Chambres qui
l'ont adoptée, une loi inspirée pour la plupart de ses dispositions de la loi française du 9 mars 1891. En entrant
dans cette voie, la Belgique ne faisait d'ailleurs que reve-

(1) *Pasinomie*, 4e Série. T. 31.

nir aux anciennes règles de son droit coutumier. C'est ainsi que les lois de Liège et du Feix, les coutumes de Chimay, de Diest, d'Allost, faisaient succéder le conjoint à défaut d'enfants. Celles de Louvain et de Bruxelles lui laissaient la pleine propriété de tous les meubles.

208.   Voyons quelle est d'après la nouvelle loi la situation successorale du conjoint. L'art. 1er de la loi dispose que le conjoint non divorcé ni séparé de corps, qui ne succède pas à la pleine propriété (en l'absence de tout successible), a sur les biens du prédécédé un droit d'usufruit qui est : d'une part d'enfant légitime le moins prenant, sans qu'elle puisse excéder le 1/4 si le défunt laisse des enfants, — de la 1/2 s'il se trouve en présence d'ascendants, frères, sœurs, ou leurs descendants, — de la totalité quand il ne laisse que des collatéraux autres que ceux que nous venons d'énumérer.

209.   Ces droits sont, on le voit, plus favorables au conjoint que ceux de la loi française au point de vue de la quotité. En effet, à partir des descendants de frères ou de sœurs, le conjoint a l'usufruit de la totalité de l'hérédité, alors que chez nous, en présence d'héritiers quelconques, il ne peut prétendre au plus qu'à la moitié. Il est à remarquer aussi que, dans le cas où il y a des enfants du défunt, la loi ne distingue pas entre ceux d'un précédent mariage et ceux du dernier. Mais cet usufruit ne s'exercera que sur la portion de la quotité disponible dont le défunt n'a pas disposé : ce qui peut dans bien des cas, diminuer considérablement le droit du conjoint. Pour le

reste, la situation de l'époux est la même que chez nous : c'est un successeur irrégulier qui n'a ni la saisine ni la réserve.

210. La loi Belge dans son art. 1er, II, § 6, décide que « l'époux survivant aura la faculté de se faire attribuer par préférence, pour se remplir de la part que nous venons de fixer, l'usufruit de l'habitation occupée par les époux, lors qu'elle était entrée pour la totalité dans la communauté, ou qu'elle appartient entièrement à la succession du prémourant, et à la condition que sa valeur n'excède pas celle de la part dont il a l'usufruit. Il pourra également se faire attribuer tout ou partie des meubles meublants sous les conditions exigées pour la maison d'habitation. Si le conjoint entend se faire attribuer l'usufruit de la maison, son droit de préférence peut s'appliquer sous les mêmes conditions, à tout ou partie des terres que l'occupant de la maison exploitait personnellement et pour son propre compte, du matériel agricole et des animaux attachés à la culture. » Ce sont là, il faut le reconnaître, d'excellentes dispositions essentiellement pratiques et qui sont destinées, tout en suivant la volonté présumée du défunt, à prévenir bien des difficultés dans les opérations délicates du partage.

Les causes de déchéance sont les mêmes qu'en droit français (conversion en rente viagère, séparation de corps (1), convol), de plus, s'il existe des descendants, le

(1) En ce qui concerne la séparation de corps, la loi ne dit pas que ses effets sont limités à l'époux coupable. Nous croyons néan-

conjoint est exclu ou déchu de son droit d'usufruit : 1° en cas de privation des droits de puissance paternelle ; 2° s'il est exclu de la tutelle des enfants pour inconduite notoire, ou de la co-tutelle des enfants que sa femme avait eus d'un précédent mariage.

Enfin, la loi belge du 20 novembre 1896, modifie aussi comme la loi française l'art. 205 du Code Civil. Mais nous n'avons pas à en parler ici.

§ 7

Angleterre (1).

211. Deux grands principes dominent la législation anglaise en ce qui touche le régime successoral : 1° une liberté de tester absolue et sans limite sur le fondement de laquelle toute réserve est refusée aux héritiers, quels qu'ils soient ; 2° dans l'ordre de la dévolution ab intestat les hommes sont préférés aux femmes et les aînés aux cadets. Ce second principe nous montre combien la loi anglaise a conservé le vieil esprit féodal. Ce n'est pas du reste la seule ressemblance qui existe avec notre ancien droit.

moins que c'est en ce sens que l'interprète la jurisprudence. A vrai dire, la séparation de corps ne constitue pas une cause de déchéance du droit, mais c'est une cause qui l'empêche de prendre naissance (voir à ce sujet ce qui a été dit, p. 38 et *sq.*)

(1) Voy. Lehr. *Droit Civil anglais*, La Grasserie, *Op. cit.*

On distingue en matière de succession les meubles (*real estate*), et les immeubles (*personal estate*) ; et des règles différentes s'appliquent à ces deux catégories de biens. C'est ainsi que l'héritier des immeubles en est immédiatement saisi dès l'ouverture de la succession, tandis qu'au contraire l'héritier des biens personnels doit demander à la justice l'envoi en possession.

212. Les règles de la succession des immeubles sont contenues dans *l'act for amendement of the law of inheritance* de 1883. Ce n'est pas le plus proche parent qui hérite, et le système de la consanguinité ou celui de l'affection présumée sont ici remplacés par ce que l'on a appelé le système de la *parentèle réelle :* la loi appelle à la succession de l'immeuble le plus proche parent (on admet la représentation) de celui qui a fait entrer le bien dans la famille, le *purchaser*. On conçoit que dans une législation aussi spéciale, destinée à conserver les fiefs dans les familles et à en prévenir le morcellement, aucune place ne soit faite au conjoint survivant. Jusqu'au règne de Guillaume IV, la veuve avait néanmoins un douaire sur les fiefs de son mari, consistant en un usufruit sur le tiers des immeubles. Ce douaire légal pouvait être remplacé, comme d'ailleurs dans nos pays de coutumes, par une sorte de pension réglée d'un commun accord. Mais les *statutes* 3 et 4 de ce roi, ont virtuellement supprimé le douaire en donnant au mari le droit de fixer lui-même celui de ses fiefs par lequel il sera supporté, et en lui permettant même jusqu'à sa mort d'en retirer le bénéfice

à sa femme. Le douaire légal, le seul qui nous occupe, n'existe donc plus en Angleterre.

213. La succession aux meubles, *chattel real*, est régie par un ensemble de lois moins étroites qui ont permis de donner au conjoint survivant le rang auquel il a droit. Le veuf cependant continue à être mieux traité que la veuve. Les *statutes of distribution* des règnes de Charles II et Jacques II, donnent à la veuve la propriété du tiers des meubles dans le cas où il y a des descendants communs du mariage, et s'il n'y a pas d'héritiers en ligne directe la veuve a alors la moitié du *chattel real*. Quant au mari, il conserve la propriété de tous les biens meubles de sa femme que celle-ci lui a généralement déjà apportés par son mariage. Si le contrat contenait des dispositions contraires à cet usage, les meubles dont la femme avait conservé la propriété lui parviennent par succession.

De plus, s'il n'y a pas d'enfants du mariage, ou si ceux-ci sont morts sans postérité, le mari, en vertu de la teneur par courtoisie (*tenant by the curtezy*), acquiert l'usufruit viager de tous 'es fiefs appartenant à sa femme décédée. Cette tenure n'est autre chose qu'un souvenir de l'ancien gain de survie de la coutume normande (1).

_____

(1) La coutume de Normandie accordait en effet un douaire au veuf non remarié : mais uniquement s'il y avait des enfants du mariage ; ce douaire consistait en l'usufruit de la totalité des biens de la femme ; en cas de convol, il était réduit des deux tiers.

214. L'infériorité de traitement des femmes dans la succession ab intestat du conjoint survivant, a reçu une certaine atténuation par une loi récente du 25 juillet 1890. Cette loi connue sous le nom de *Intestates estates act 1890*, modifie pour les femmes leurs droits dans la succession de leur mari prédécédé, tels qu'ils sont réglés par les Statutes of distribution. Dans le cas où il n'existe pas d'enfants ou descendants vivants du mariage, la veuve a droit à une part dans la succession de son mari intestat, sans distinguer maintenant entre les meubles et les fiefs. Cette part ne peut excéder une valeur de $L.500$, soit 12.500 fr. Si le montant de la succession entière est inférieure à cette somme, elle a droit au tout. L'évaluation est faite d'un commun accord par les héritiers ou en cas de contestation, par les tribunaux (1). S'il y a des descendants du mariage, les statutes of distribution continuent à être appliqués.

215. On voit combien ces droits sont encore insuffisants. Il est vrai que la liberté de tester étant sans limite, les époux ont coutume de se faire des libéralités suffisantes pour assurer la dignité de la vie du survivant. Mais en l'absence de testament et de donation entre vifs, le conjoint, après la dissolution du mariage, se trouve souvent sans ressources.

(1) Une loi nouvelle du 1er juillet 1895, promulguée dans la province d'Ontario (Canada), accorde dans les mêmes conditions, à la veuve, la totalité du patrimoine de son défunt mari jusqu'à concurrence de $L.1,000$, soit 25.000 francs.

§ 8.

Etats-Unis d'Amérique (1)

216. Aux Etats-Unis, nous nous trouvons en présence
de la plus grande variété de législations : égalité de traitement pour l'homme et la femme, préférence accordée
aux veufs, préférence accordée aux veuves, unité du patrimoine, division du patrimoine, les Etats du Nouveau
Monde nous offrent des exemples de tous ces principes.
Mais bien que le droit civil soit en très grande partie inspiré par les anciennes coutumes, à tendance féodale, qui
forment la base des lois anglaises, la plupart des États
confédérés ont su faire dans l'ordre des successions une
large part à l'affection présumée du défunt. Et naturellement, les droits du conjoint survivant sont plus étendus
qu'en Angleterre. Le trait distinctif de la législation suc-
sessorale de tous les États, est la séparation du patrimoine
en deux parties : les meubles et les immeubles, le personal estate, et le real estate. Etudions successivement
les droits du conjoint dans les États qui font la distinction et dans ceux qui ne la font pas. Et dans chaque division, nous verrons les États qui accordent des droits différents au veuf ou à la veuve, et ceux qui les traitent sur
le même pied.

(1) Cf. La Grasserie, *Op. cit.*

États qui distinguent le real et le personal estate.

217. Dans l'Etat de Washington, le real estate appartient au conjoint survivant, pour moitié en propriété s'il
existe un enfant du mariage, et pour le tiers s'il en existe
plusieurs. Si le conjoint se trouve en présence de père,
mère, frères et sœurs du défunt, il a aussi droit à la
moitié des immeubles. A défaut de ces héritiers et en
présence seulement de collatéraux ordinaires, il recueille
l'universalité des immeubles.

Quant au personal estate, après un prélèvement de ses
objets personnels, tels que bijoux, linge, vêtements, le
conjoint survivant a droit à la moitié en présence de descendants et au tout dans le cas contraire. Remarquons
que si les époux étaient mariés sous le régime de la communauté, tous les biens communs appartiennent au survivant, à la différence de ce qui se passe en droit français.

218. En Pensylvanie, les droits sont différents suivant
qu'il s'agit du veuf ou de la veuve. Le mari survivant a
l'usufruit des imn.eubles de sa femme, qu'il y ait ou non
des enfants communs. Sur le personal estate il a droit à
une part d'enfants en pleine propriété, et en l'absence
d'enfants, au tout. La femme survivante est mieux traitée, car elle a toujours un droit de propriété. Sur les
immeubles, en présence d'enfants ou de petits-enfants,
son droit est du 1/3 ; en présence d'autres héritiers, de
la moitié ; en l'absence de tout héritier, elle est naturel-

lement préférée au fisc. Sur les meubles son droit est le
même.

219. Dans le Mississipi et dans le Delaware, le veuf a
en vertu du tenant by the curtesy, l'usufruit de tous les
immeubles, mais seulement en l'absence d'enfants communs. Sur les meubles, il est préféré à tous les autres
héritiers, même aux enfants. — Quels sont les droits de la
veuve ? Sur le real estate, elle a un douaire qui est de la
moitié en l'absence d'enfants, et du tiers dans le cas contraire. Sur le personal estate, son droit est du tiers s'il
y a des enfants, de la moitié s'il n'y a que d'autres héritiers, et de la totalité s'il n'y a pas d'héritiers.

220. Dans l'Etat de Kentucky, le real estate n'appartient au conjoint survivant qu'à défaut de tous autres
successibles ; seulement nous rencontrons ici une disposition assez particulière. Si le *de cujus* est déjà veuf et
qu'il ne laisse dans sa ligne aucun parent, ses biens passent dans la famille de son conjoint précédé par préférence
au fisc comme si celui-ci les avait reçus de son vivant, et
les eut transmis (1). — Tout le personal estate appartient
au mari. La veuve en recueille le tiers, la moitié ou le
tout suivant qu'il existe des descendants, des héritiers
ordinaires, ou pas d'héritiers.

221. A New-York, le conjoint survivant n'a de droits
que sur le personal estate. En présence de descendants,
il recueille le tiers ; en concours avec des père, mère,

(1) Voy. La Grasserie, *Op. cit*. p. 177.

frères, sœurs, neveux, la moitié. Dans tous les autres cas le conjoint a toute la succession des meubles.

222. Les législations du Connecticut et du Michigan n'accordent de droits successoraux ab intestat qu'à la femme et non au mari. — Dans le Connecticut, la femme survivante, en présence d'enfants, a droit à un tiers du personal estate en propriété et à un tiers du real estate en usufruit ; et sur le reste du patrimoine à une part d'enfant. S'il n'y a pas d'enfants ou de descendants, elle a la moitié du personal estate, sa part d'usufruit sur les immeubles restant la même.

223. Dans le Michigan, la femme a le droit de prélever sur les immeubles, ses effets et objets personnels, jusqu'à concurrence de 250 dollars (1250 francs), et en outre, d'autres objets à son choix, pour une valeur de 200 dollars. Sur la succession en général, s'il n'existe pas d'enfant, elle a droit à un usufruit de la moitié. Autrement elle ne vient qu'avant l'Etat.

224. Passons maintenant aux *principaux Etats qui ne distinguent pas le personal estate du real estate.*

Dans la Géorgie, s'il n'existe que des ascendants ou des collatéraux, le mari recueille toute la succession de sa femme prédécédée ; s'il y a des descendants, il partage avec eux, par tête s'ils sont tous du même rang, par souche dans le cas contraire. La femme a les mêmes droits, mais dans un but de protection facile à comprendre, la loi stipule que sa part ne saurait être inférieure au 1/5 de l'hérédité.

Dans les Etats de Dacotha et d'Idaho, dans la Califor-
nie, le conjoint survivant recueille toute la succession,
conjointement avec les autres héritiers. S'il est en concours avec des enfants, il partage par tête et sa part ne
peut être inférieure au tiers. S'il est en concours avec des
père, mère, frères, sœurs, il recueille la moitié. En présence de collatéraux ordinaires, le tout.

Au Colorado, le conjoint survivant a droit à la moitié
de la succession s'il existe des descendants, et au tout dans
le cas contraire.

225. Les Etats les moins favorables, vis-à-vis du conjoint survivant, sont la Floride et le Massachussets où ses
droits sont ceux de notre ancien art. 767. — La Louisiane
naturellement n'a pu échapper en cette matière à l'influence française et le conjoint n'est préféré qu'à l'Etat.
Une particularité cependant est à noter, en ce qui touche
la veuve : c'est que celle-ci exclut les enfants naturels,
tandis qu'ils viennent avant le veuf.

§ 9.

Espagne (1)

226. Jusqu'en ces derniers temps, l'Espagne n'avait
pas de législation civile générale ; les différentes provinces
avaient chacune leurs coutumes et leurs lois au milieu des-

(1) Voy. *Code civil espagnol*, traduit et annoté par Levé.

quelles il était souvent fort difficile de se reconnaître (1).
La loi du 11 mai 1888 vint mettre un terme à cet état de
choses en fixant les bases en vue de la publication du
Code Civil ; elle portait :

Base XVII (2). « On instituera en faveur du conjoint
survivant, l'usufruit que lui accordent plusieurs législations spéciales, mais en le limitant à une cote égale à ce
que chacun des enfants, s'il y en a, aura à percevoir pour
sa légitime, et en déterminant les cas où cet usufruit prendra fin. » L'Espagne avait profité d'une longue période de
calme, tant à l'intérieur qu'à l'extérieur, pour élaborer
un Code Civil des plus complets et digne du rang que ce
pays occupe parmi les grandes puissances. Le Code était
promulgué en 1889.

227. Le nouveau régime successoral espagnol place le
conjoint survivant dans l'ordre des successibles, après les
descendants, les père, mère, les frères et sœurs ou descendants d'eux. A défaut de ces trois classes d'héritiers,
le conjoint survivant recueille la succession tout entière.
La portion d'hérédité que la loi accorde au conjoint, lorsqu'il se trouve en concours avec des héritiers de l'une
des classes que nous venons d'énumérer, lui est acquise à
titre de légitime. C'est une nouvelle consécration du droit

_____

(1) Le Code civil de la province de Castille, accordait au conjoint
survivant la succession du prédécédé en l'absence de collatéraux
du 4e degré. La veuve pauvre avait en outre droit à une quarte
qui ne pouvait excéder 5 livres d'or.

(2) Cf. Lehr. *Droit civil espagnol*, II. p. 19.

du conjoint survivant qui, nous l'espérons, décidera les législateurs retardataires à entrer définitivement dans la bonne voie. Examinons les différentes situations faites au conjoint survivant lorsqu'il se trouve en présence de telle ou telle catégorie d'héritiers.

I. Si le défunt n'a laissé qu'un seul enfant ou descendant, le conjoint survivant a droit à l'usufruit viager du tiers destiné à la *mejora* (1), autrement dit du tiers qui forme la quotité disponible. S'il y a plusieurs enfants ou descendants, il a droit à l'usufruit d'une part d'enfant légitimaire (La légitime étant des 4/5 de la succession en ce qui concerne les descendants, s'il y a trois enfants, le conjoint survivant aura l'usufruit des 4/15 de la succession). C'est toujours sur la quotité disponible que s'imputera l'usufruit du conjoint.

II. Si le défunt n'a pas laissé de descendants mais seulement des ascendants, l'époux survivant a droit à l'usufruit du tiers de la succession qui s'imputera sur la moitié qui est destinée à la mejora, lorsqu'il n'y a que des ascendants.

III. Enfin, en concours seulement avec des frères et sœurs du défunt ou descendants d'eux, le conjoint a la moitié de la succession en usufruit. Et à défaut de ces derniers, il succède à l'universalité du patrimoine.

228. La loi autorise la conversion de l'usufruit en

---

(1) La mejora est la portion de biens que les ascendants laissent à leurs descendants en dehors de la légitime (c'est notre preciput).

rente viagère et même en un capital si les héritiers le désirent. Au cas où ils ne parviendraient pas à s'entendre avec le conjoint, les tribunaux peuvent la prononcer ou la refuser.

229. La séparation de corps définitive prive celui des époux contre lequel elle a été rendue de tous droits successoraux. La réconciliation les fait renaître. Le conjoint qui se remarie lorsqu'il existe des enfants du défunt, ou celui qui, en état de veuvage, a un enfant naturel qu'il reconnaît, subit une déchéance beaucoup plus importante dans le droit espagnol que dans les autres législations civiles. Il est tenu (1) de réserver aux enfants du défunt la propriété de tout ce qu'il a pu recevoir du défunt à titre gratuit, que ce soit par donation ou par legs. Remarquons tout de suite que cette déchéance qui peut avoir une portée considérable si le *de cujus* a testé par exemple en faveur de son conjoint, n'a à aucun degré le caractère d'une peine. C'est uniquement une mesure de protection pour les enfants du défunt. La preuve en est que le conjoint ne perd pas son droit de jouissance. Seule la libre disposition des biens qu'il a reçus à titre gratuit lui est enlevée. Il doit la réserver aux enfants.

N'y a-t-il pas là une règle qu'il serait bon d'adopter ?

(1) Cf. Levé, *Op. cit.*, p, 410.

§ 10

Portugal.

230. Le Code Civil portugais date du 1er juillet 1867.
Jusqu'à cette époque le conjoint survivant n'était préféré
qu'au fisc. Tous les successibles, les collatéraux du
10e degré inclusivement, passaient avant lui. Le fisc lui-
même primait le conjoint qui n'habitait pas avec le *de cujus*
au moment de la mort, et à plus forte raison celui qui était
séparé de corps. Aujourd'hui l'ordre de la dévolution
dans les successions légitimes est ainsi fixé par
l'article 1969.

  I. Les descendants.

  II. Les ascendants.

  III. Les frères et sœurs et descendants d'eux.

  IV. *Le conjoint survivant.*

  V. Les collatéraux depuis le troisième jusqu'au dixième
     degré.

  VI. Le Trésor Public.

Lorsque la succession est dévolue aux héritiers des
trois premiers ordres, le conjoint survivant a un droit
d'apanago, sorte de créance alimentaire sur les revenus
des biens laissés par le défunt. Mais ce droit ne s'exerce
que si le conjoint est véritablement dans le besoin, ce
que le juge doit apprécier en même temps qu'il fixe le
montant du droit. Le conjoint survivant, séparé de corps

et de biens par sa faute, perd tous ses droits de succession (art. 2003).

Dans la succession à l'enfant naturel, si celui-ci ne
laisse pas de descendants, son conjoint a l'usufruit viager
de la moitié des biens de la succession (art. 1095). La
législation portugaise on le voit n'accorde aucun usufruit
au conjoint lorsqu'il se trouve des parents des trois premiers degrés Cette lacune paraîtra d'autant moins expli-
cable que le Code est presque contemporain du Code
Civil italien qui, nous l'avons vu, est autrement favorable
à l'époux.

§ 11

Grèce.

231. La Grèce nous offre l'exemple d'une législation
successorale retardataire. Il est malheureusement à craindre que les difficultés au milieu desquelles se débat ce
pays, n'empêchent de longtemps encore la réalisa-
tion des modifications attendues. Cependant un projet
déposé depuis plusieurs années déjà (Νομοχίδιον αστικοῦ ελληνικοῦ
Κίδικος), donne au conjoint non divorcé le droit de prendre à
titre d'usufruit, lorsqu'il y a des descendants, une part
d'enfant n'excédant pas le quart de la fortune du défunt.
Mais quand la loi sera-t-elle votée?

En attendant, le conjoint ne vient qu'après tous les

successibles, et cette rigueur extrême n'est tempérée que
par la quarte du conjoint pauvre, des Novelles.

Dans les Iles Ioniennes, dont le Code Civil date de 1841,
il existe une législation analogue tirée de notre ancien
art. 767. S'il est pauvre et ne recueille pas la succession,
le conjoint a un droit d'usufruit sur le quart de la succession.

§ 12

Suède (1).

232.   Nulle part autant qu'en Suède, le conjoint survivant n'a rencontré d'adversaires de ses droits plus obs-
tinés, malgré les tentatives réitérées de différents législateurs, convaincus de la légitimité des avantages successoraux que les autres pays lui accordent. Un projet de
réforme du Code Civil tendant à faire adopter le système
de notre ancien art. 767 fut deux fois repoussé en 1826
et en 1847. Une nouvelle proposition fut soumise au
Rigsdag en 1883, tendant à accorder à l'époux survivant
un droit de succession de la valeur d'un tiers du patrimoine acquis par le *de cujus* depuis le mariage, et n'eut
pas plus de succès.

Enfin, plus récemment, au Congrès juridique scandinave
tenu à Christiania en 1887, le Ministre d'Etat, M Hagerup,
ne réussit pas à faire voter une motion tendant à ce qu'on

(1) Voy. La Grasserie. *Les Codes Suédois.*

créât des droits de successions au profit du conjoint. Actuellement encore celui ci n'a qu'un préciput que lui accorde le chapitre XVII, au titre du mariage, ainsi conçu : « Si le mari ou la femme vient à décéder, le survivant prend en préciput, sur les biens communs en meubles, ceux qu'il préfère ; mais ce préciput ne peut dépasser le dixième. Si les biens sont de peu d'importance, l'époux survivant prélève son anneau de fiançailles, son lit et ses vêtements nécessaires, même si leur valeur dépasse le dixième. »

Ce n'est pas un véritable droit de succession mais un gain de survie attaché au régime matrimonial de la communauté, analogue au préciput de l'art. 1515 du Code Civil.

QUATRIÈME PARTIE

CONCLUSION

———

233. Nous bornons ici notre revue des principales législations étrangères et nous ne croyons pas devoir examiner les droits du conjoint dans les différents codes des Républiques Sud-Américaines, qui tous sont inspirés du Code Espagnol ou du Code Portugais, et où nous retrouverions les mêmes dispositions que dans ces deux pays. Aussi bien, nous avons maintenant suffisamment de renseignements sur les systèmes divers qui réglementent notre matière, pour pouvoir décider les modifications qu'il serait désirable de voir introduire dans la loi Française.

La reconnaissance des droits successoraux du conjoint survivant en concours avec des héritiers du sang, qui fut l'œuvre de la civilisation, est aujourd'hui un fait accompli. Mais parmi les multiples moyens de parvenir à leur donner satisfaction, lequel mérite d'être adopté ? Certains pays, comme la Russie, l'Allemagne, différents États de la Confédération Nord-Américaine, le Portugal, accordent au conjoint un droit de propriété ; d'autres plus nombreux n'accordent qu'un usufruit en présence d'enfants et un droit de pleine propriété dans le cas contraire. Tels sont l'Italie, l'Espagne, l'Autriche, etc. D'autres encore, comme la France et la Belgique, ne lui donnent qu'un droit d'usufruit; et enfin en Grèce et dans les iles Ioniennes, il n'a qu'une sorte de créance alimentaire, la quarte du conjoint pauvre.

234. Ecartons tout d'abord ce dernier système, comme tout à fait incompatible avec la dignité du mariage. Que ce soit une ressource extrême à laquelle le conjoint puisse être réduit dans certains cas exceptionnels, nous l'accordons. Mais nous ne saurions admettre que ce soit son seul émolument successoral. Qui ne voit, en effet, combien est humiliante la situation de celui qui est obligé de réclamer des aliments à ses propres enfants ou à la succession de son conjoint, passant entre des mains étrangères ?

235. La vocation héréditaire du conjoint étant admise, puisque suivant la vieille affirmation des Assises de Jérusalem : « *Nul homme n'est si dreit heir au mort come est sa feme espouze, quia vir et uxor unum corpus sunt et duœ animœ* », il reste à savoir s'il faut lui accorder un droit en pleine propriété ou bien un droit d'usufruit.

Les partisans du premier système se fondent sur les inconvénients multiples que présente, au point de vue économique, une excessive séparation de la nue propriété et de l'usufruit. Ils disent en outre, que puisque la succes-

sion ab intestat doit être le reflet de la volonté du défunt,
ce dernier aurait certainement, s'il avait testé, préféré
donner au compagnon de sa vie, une part de son patrimoine en propriété, que de l'abandonner à des collatéraux
éloignés. Donc, tout au moins, à partir de certains parents, dont le degré est à déterminer, le conjoint doit succéder en pleine propriété. Ce fut l'avis de la Cour d'Alger
consultée lors de la discussion du projet Delsol. — Mais
toutes les autres Cours d'appel et la majorité des Facultés
de Droit furent opposées à ce système, et nous croyons
que c'est avec raison. Car si le mariage crée entre les
époux un lien tout aussi fort que celui du sang, comme le
faisait remarquer fort bien la Cour de Nancy, le lien du
mariage peut être détruit par le divorce ou la séparation,
tandis que la parenté est indestructible. En conférant à
l'époux un droit en propriété, on arriverait à ce résultat,
de faire passer les biens du prémourant dans la famille
du survivant, et ce serait celle-ci qui, en réalité, hériterait
du *de cujus* ; car la plupart du temps, lorsque le mariage
s'est fait dans des conditions d'âge normal, les deux époux
ne meurent pas à un grand intervalle l'un de l'autre. Or,
le but de la loi est précisément d'assurer au survivant le
moyen de vivre pendant ces quelques années, dans des
conditions à peu près semblables à celles dans lesquelles
il a vécu jusqu'alors ; et ce but ne saurait être mieux rempli que par l'allocation d'un usufruit qui lui permettra de
jouir d'une partie des biens dont il jouissait pendant le
mariage. Comme l'ont très bien compris les législateurs

belges, toute attribution de part en propriété bouleverse-
rait le système de successions ab intestat, et exigerait le
remaniement complet du Code. Or, le jour où il serait
question de procéder à cette refonte, il faudrait se souvenir encore des craintes manifestées par M. Victor Lefranc,
devant l'Assemblée Nationale et ne pas, par une innovation périlleuse, « donner une arme puissante à ceux qui
voudraient rapprocher de la souche les droits du
fisc ».

236. Un droit en usufruit dont la quotité varie avec
les différents parents qui concourent avec le conjoint,
nous semble donc être, à tous égards, préférable à un
droit de propriété. La volonté du défunt de ne pas laisser
son conjoint dans une situation de fortune trop inférieure
est respectée, et le principe de la conservation des biens
dans les familles ne reçoit pas d'atteinte, puisqu'à la
mort du survivant les biens demeureront à leur destina-
tion naturelle, francs de toute servitude. Quant aux inconvénients économiques de l'usufruit, notre législateur,
sagement inspiré, les a réduits à néant, en adoptant la
conversion facultative en rente viagère, que le Code Italien avait instituée dès 1866. On peut donc dire que l'usufruit satisfait toutes les exigences.

237. La loi du 9 mars 1891 n'a pas accordé de réserve
au conjoint. Que penser de cette sévérité ? La question
fut vivement débattue lors des travaux préparatoires.
L'opinion a prévalu qu'on ne pouvait faire du conjoint
un réservataire qu'en en faisant un héritier, qu'au surplus

la véritable base de la loi étant l'affection présumée du défunt, on ne pouvait pas faire autrement que de respecter sa volonté s'il l'a exprimée en déshéritant son conjoint. On craignait aussi, en accordant une réserve, de rendre les mariages d'argent de plus en plus fréquents. Et cela sans aucune nécessité absolue, car si l'époux, dit-on, est dans la misère, il peut, d'après le nouvel article 205, demander des aliments à la succession. Voilà quelle sera sa réserve !

Eh bien non, cette réserve, si tant est que l'on puisse qualifier ainsi le droit aux aliments, est insuffisante. Il n'y a pas de raisons pour donner à la volonté du défunt plus d'influence lorsqu'il s'agit de son conjoint que lorsqu'il s'agit de ses enfants. Et puisque dans le second cas, elle est impuissante à les priver complètement de sa succession, pourquoi en serait-il autrement dans le premier cas, puisque la vocation de l'époux repose sur un véritable droit de succession aujourd'hui reconnu, et non pas seulement sur les droits de l'indigence ? La conservation des biens dans la chaîne de la consanguinité ? Mais elle est assurée par le caractère viager de l'usufruit lui-même. Quel inconvénient a donc la réserve ? Ah ! si notre législation, comme la législation anglaise, fondée sur la liberté absolue de tester et interdisant toute réserve, avait pour but de conserver aux patrimoines leurs caractères de biens féodaux, nous comprendrions cette sévérité. Mais tel n'est pas le cas ; les traditions de notre ancien droit, au contraire, où la

veuve douée avait, contre les tiers détenteurs des biens
affectés à son douaire, une action en résolution, devaient
pousser le législateur à accorder la réserve. Il ne l'a pas
fait surtout, croyons-nous, parce que le conjoint est un
successeur irrégulier et que la réserve n'est accordée
qu'aux héritiers. Mais depuis que la loi du 25 mars 1896
a fait de l'enfant naturel un réservataire, ces scrupules
doivent disparaître et l'on doit faire cesser l'anomalie qui
existe dans nos lois, où l'on voit la parenté naturelle con-
férer des droits que le mariage légitime est impuissant
à faire obtenir. N'aperçoit-on pas aussi que le prédécédé
qui croyait avoir peut-être de justes motifs d'en vouloir à
son époux, s'est peut-être trompé, et n'est-il pas injuste de
faire supporter à ce dernier l'effet de soupçons ou de
préventions injustifiées que, dans sa délicatesse, il n'aura
pas voulu combattre ? Ces considérations ont été influentes
dans bien des pays, notamment en Italie, en Allemagne
(d'après le nouveau Code), dans le canton de Zurich, en
Espagne où la loi accorde au conjoint une réserve qui est
généralement égale à la moitié de ce qu'il recueille ab
intestat.

Il serait à désirer que pareille mesure s'introduisît chez
nous.

238.   Lorsque le législateur de 1891 a institué dans la
loi la déchéance pour le cas de convol, il a évidemment
eu en vue la protection des enfants du défunt, nous
l'avons remarqué. Mais il est parvenu à ses fins par un
procédé qui dépasse certainement ses intentions, en ce

qu'il présente tout de même le caractère d'une peine pour l'époux. Que des enfants qui sont déjà orphelins soient par'iculièrement dignes d'intérêt et de protection quand le survivant de leur père et mère convole en secondes noces, rien n'est moins douteux ; mais que ce soit entendre leur protection d'une façon bien efficace que de créer la déchéance en cas de convol, voilà ce que nous contestons. En quoi l'usufruit du 1/4, qu'obtient le conjoint survivant, peut-il être pour eux plus préjudiciable en cas de convol? N'est-il pas vrai, au contraire, qu'en en privant le conjoint qui se remarie, on crée entre lui et ses enfants de premier lit, une cause non peut-être de haine, mais de discorde et de relations moins intimes? En général les revenus de l'usufruit auraient été confondus avec les autres revenus du ménage et employés sans distinction à l'entretien et à l'éducation des enfants. Ne doit-on pas craindre que le conjoint, privé de ses revenus, ne néglige au contraire les descendants du premier lit, ne fasse pour eux que le strict nécessaire et que ce soit eux qui, en fait, souffrent le plus des mesures de protection que la loi prend à leur égard? Comme de plus, les droits du conjoint survivant ne sont jamais que d'un usufruit, il n'y a pas non plus à craindre que les biens passent dans la nouvelle famille.

Des considérations d'un ordre plus élevé s'opposent encore au maintien de cette disposition dans nos lois. On a beau dire que l'intention du législateur n'a pas été d'empêcher les seconds mariages, il n'en est pas moins vrai

que le régime actuel semble tout au moins les déconseiller,
en les mettant en conflit avec l'intérêt pécuniaire du conjoint. Quant au défunt, dont la mémoire, dit on, reçoit
un affront en cas de secondes noces, ne vaut-il pas mieux
pour lui que son conjoint se remarie, que de recourir en
état de viduité à des unions irrégulières tout à fait immo-
rales ? Et puis, il y a droit acquis : il est vrai qu'en con-
volant, le survivant s'assure de nouvelles ressources dans
une nouvelle famille, mais comme nous l'avons vu ses
droits successoraux tiennent à sa qualité de conjoint et
non à la pauvreté. Pourquoi, alors, créer une déchéance
qui, nous en sommes persuadés, n'est même pas conforme
à l'intérêt des enfants ?

239. Dans un même ordre d'idées, nous avons été
frappés par la sagesse de la disposition du nouveau Code
de l'Empire d'Allemagne, qui fixe uniformément au quart
de la succession les droits du conjoint survivant, sans les
restreindre comme la loi française à une part d'enfant,
s'il existe des enfants d'un premier lit. D'après l'article 767, s'il existe trois enfants communs au survivant
et au défunt, et un enfant d'un précédent mariage du
défunt, la part du survivant sera de 1/5 en usufruit. S'il
reste, au contraire, six, sept, ou un plus grand nombre
d'enfants du mariage, il aura droit au 1/4.

Pourquoi cette différence? Pourquoi les droits du conjoint sont-ils plus considérables en présence d'un plus
grand nombre d'héritiers? C'est toujours afin de protéger
les enfants du premier lit ; mais, comme dans le cas de

convol, cette mesure, croyons-nous, ne peut qu'indisposer le conjoint contre cet enfant, qui n'est même pas le sien, et qui vient réduire sa part successorale. Le Code allemand a été, à notre avis, beaucoup mieux inspiré en ne créant pas cette nouvelle sorte de déchéance. Il faudrait qu'elle disparût de notre Code.

240. Telles sont les innovations que nous croyons utile de voir introduire à la loi de 1891 : elles respectent l'édifice du Code Civil et permettent, aujourd'hui que les derniers obstacles que les préjugés opposaient aux droits du conjoint sont vaincus, de consolider ses droits en les mettant en harmonie avec les obligations qui naissent du mariage.

Vu :

Le Président de la thèse,

LYON-CAEN.

Vu :

Le Doyen,

E. GARSONNET.

Vu et permis d'imprimer :

Le Vice-Recteur de l'Académie de Paris,

GRÉARD.

TABLE DES MATIÈRES